청년이 살아야
나라가 산다

청년이 살아야 나라가 산다

초 판 1쇄   2020년 02월 25일

지은이 황갑선
펴낸이 류종렬

펴낸곳 미다스북스
총괄실장 명상완
책임편집 이다경
책임진행 박새연, 김가영, 신은서
책임교정 최은혜, 정은희, 강윤희, 정필례

등록 2001년 3월 21일 제2001-000040호
주소 서울시 마포구 양화로 133 서교타워 711호
전화 02) 322-7802~3
팩스 02) 6007-1845
블로그 http://blog.naver.com/midasbooks
전자주소 midasbooks@hanmail.net
페이스북 https://www.facebook.com/midasbooks425

© 황갑선, 미다스북스 2020, *Printed in Korea*.

ISBN 978-89-6637-760-2 03190

값 18,000원

청년이 살아야 나라가 산다

황갑선 지음

미다스북스

추천사

한국에서 청년 문제는 매우 중요하고 시급히 해결해야 할 과제가 아닐 수 없다. 청년은 개인 인생에서도 가장 중요한 시기이자, 국가 사회의 경영에서 중추가 되는 기반이기 때문이다. 안타깝게도 우리 청년들이 처한 취업과 이직, 결혼(출산)과 주거 등과 맞물려 크나큰 사회적 이슈가 되고 있음에도 마땅한 해법이 제시되지 못하고 있다. 청년다윗스쿨 모임을 이끄는 Global HRD 코리나교연 대표 황갑선 박사께서 한국 청년들의 고민과 해법을 국제 현장 경험을 통해 성찰적으로 접근하신 저작이 나온 것은 참으로 시기적절하다. 한국의 청년들이 비전을 세우고 진로를 설계하는 데 특별한 계기가 되길 충심으로 바란다.

— 최병학(한국지역인적자원개발학회 회장)

한국은 제2차 세계대전 후 세계에서 가장 빈곤했던 국가에서 60여 년 만에 경제 규모 10위권에 오르는 기적을 일구어냈다. 1인당 국민소득 80달러의 국가에서 3만 2천 달러의 국가를 반세기 만에 만들었다. 한국이 지금까지는 제조업을 중심으로 선진국 따라잡기형으로 성장하였다면, 앞으로는 4차 산업혁명이 선도하는 산업구조로 재편되어야 할 것이다.

수렵사회, 농경사회, 산업사회, 정보사회에 이어 Society 5.0시대가 막이 올랐다. 4차 산업혁명 시대를 선도할 전문 인재 양성이 절실히 요구되는 시점이다. 한국의 많은 청년이 시대 흐름을 직시하고 준비하는 자세가 중요하다. 단 한 번밖에 없는 청년 시기를 어떻게 보내느냐에 따라 인생의 성패를 가름하기 때문이다. 이 책이 앞으로 새로운 세계를 이끌어갈 한국 청년들에게 꿈과 인생의 로드맵을 갖추는 데 매우 유용하리라 생각된다.

— 김순은(서울대학교 행정대학원 교수, 대통령소속 자치분권위원회 위원장)

청년이 살아야 나라가 산다

★ ★ ★ ★ ★ ★

한국과 중국이 수교를 맺은 지 25년이 지나는 동안 많은 경제와 인적 교류가 있었다. 한중 간의 학생 교류가 활발하여 현재 한국에 유학 중인 중국 학생이 7만여 명, 중국에 유학하고 있는 한국 학생이 6만여 명에 이르고 있다. 우리 상해대학에서도 한국인 유학생 비중이 가장 많이 있다. 중국어와 경제 등의 전공을 배우는 학생도 있고, 중국 문화를 체험하기 위해 오는 학생도 많이 있다. 개혁개방 40년이 지난 오늘날까지 중국은 엄청난 변화를 겪어왔다. 세계 제2의 경제 대국으로 발전했고, 세계에서 가장 큰 소비시장으로 발돋움하였으며, 세계 경제성장에 기여율이 30%가 넘는다. 최근에는 4차 산업혁명이 부상함에 따라 중국의 유통, 정보기술, 인공지능(AI) 등 산업이 비약적으로 발전하고 있다. 한국의 젊은 청년들이 중국에서 자신의 꿈을 키워나가는 기회가 되면 좋겠다.

– 요희명姚喜明(중국 상해대학교 교수, 중국 상해대학교 국제교육원장)

황갑선 대표를 처음 만난 것은 15년 전 중국에서 국제교류 업무차 출장길에서다. 내가 지켜본 황 대표는 한국과 중국을 오가며 꾸준히 자신의 길을 걸어가고 있고, 한국청년들의 가이드가 되는 데 열정을 쏟고 있는 분이다. 이 책에 나오는 '한 우물을 파라_우직지계'의 교훈은 조금만 어려운 상황을 만나면 쉽게 포기하는 청년들에게 경종을 울린다. 많은 한국 청년들이 자신의 꿈과 진로를 찾지 못하는 현실 속에서 이 책은 좋은 방향 제시가 되리라 믿는다. 앞으로 청년다윗스쿨 모임이 더욱 활성화되어 '밝고 긍정의 에너지'가 넘치는 사회가 되면 좋겠다.

– 권경득(선문대 글로벌행정학과 교수, 한국지방자치학회 이사장)

저성장 시대를 맞은 한국, AI와 4차 산업혁명 시대에 한국 청년의 포지셔닝은 어떠해야 할까? 국내에서 답을 찾을 수 없다면 해외로 눈길을 돌릴 것을 권유하고 싶다. 이 책이 그 나침반이 되어 주리라 확신한다. 중국 상해에서 스타트업 인큐베이팅을 하면서, 한국 대학생들을 위한 인턴 실습을 진행하시는 황갑선 대표를 만나게 되었다. 황 대표는 언제나 우리 청년들에게 삶의 가치를 깨닫게 하고, 스스로 살아갈 수 있는 용기를 북돋아주는 모습이다. 이 책이 한국 청년들에게 꿈과 희망, 자기 진로를 설계하는 데 도움이 될 것이다.

– 신동원(성신여자대학교 창업중점교수)

중국은 세계에서 가장 큰 소비시장으로 자리 잡고 있고, 중국의 경제수도인 상해는 아시아를 넘어 세계적인 경제 금융도시로 비상하고 있다. 중국에는 한국 기업뿐만 아니라 세계 각국의 글로벌 기업이 진출해 있다. 중국 기업과 글로벌 기업으로부터 한국의 인재에 대한 수요가 늘어나는 추세다. 한국 청년들이 글로벌 세계를 이끄는 경쟁력을 갖추고 자신의 꿈을 키워나가며 도전하는 모습을 보여주길 바란다. 그것이 청년의 특권이다. 이 책이 한국의 청년들에게 좋은 가이드가 되길 바란다.

– 박상윤(상해한국상회(한국인회) 회장, 『선한 영향력』 저자)

다윗이 이스라엘을 구했다. 청년이 나라를 살린 것이다. 보기에는 불가능한 것들을 해내는 성공 스토리가 전 세계에서 시시각각으로 만들어지고 있다. 글로벌 세계로 나와서 보기 바란다. 골리앗을 무너뜨린 비장의 무기는 돌과 무릿매였다. 자기에게 익숙한 작은 도구가 역사를 만들어 나라를 구했다. 그런 지혜가 담긴 책이다. 드넓은 글로벌 세계에서 더 많은 일을 해나가는 인재가 되는 데에는 지금 본인의 가진 꿈과 용기만으로도 충분하다. 짧은 기간에 세계 최고 수준의 역사를 만든 아빠 세대라는 '거인'의 어깨 위에 올라타기 바란다. 글로벌 청년사업가로 키우는

★★★★★★

대우세계경영연구회 GYBM이 하나의 디딤돌이 될 것이다.

– 박창욱(대우세계경영연구회 사무총장)

전 세계에 나가 있는 한국재외동포가 730만 명에 달한다. 우리에게는 큰 자산이
다. 한민족이 갖고 있는 장점을 살리고 재외동포 네트워크를 활용한다면 지금의
경제적 난관을 극복하고 제2의 도약이 되리라고 생각 든다. 많은 한국의 청년들이
국내에 안주하지 말고 글로벌 세계에서 나가야 한다고 생각한다. 그동안 청년다윗
스쿨 모임은 짧은 시간임에도 불구하고 활발하게 활동해왔다. 어려운 여건 속에서
도 자신의 꿈을 키우고 당당하게 살아가는 많은 청년다윗을 인터뷰하여 월드코리
안 신문을 통하여 세상 밖으로 알리고 있다. 청년다윗스쿨 활동이 앞으로 우리 사
회가 밝고 긍정에너지가 넘치는 세계가 되는 데 밀알이 되길 바란다. 어느 세계에
서 당당하게 살아가는 청년다윗에게 응원의 박수를 보낸다.

– 이종환(월드코리안 신문 발행인)

직장 생활을 해왔던 사람이 다니던 회사를 나와 창업을 한다는 것은 쉬운 길이 아
니다. 하지만, 이제는 평생직장이라는 개념은 사라지고 평생 직업의 세계에서 살
고 있다. 언젠가는 자신이 꾸준히 해야 할 일을 찾아야 한다. 나 역시 한국의 S전자
에서 과장으로 근무하면서 앞으로 장래에 대해 고민을 많이 했다. 자신이 잘 할 수
있는 분야에서 일을 찾고 그것이 생업이 된다면 그것보다 좋은 일은 없을 것이다.
이 책이 꿈을 찾는 한국 청년들이 인생 설계를 하는 데 많은 도움이 되리라고 생각
이 든다. 청년 시기에 그리는 꿈의 세계가 앞으로 자기 인생의 중요한 터전이 되기
때문이다.

– 김희종(상상락 유아교육 대표, S전자 근무경력)

★ ★ ★ ★ ★ ★

대학을 졸업하고 첫 번째 직장의 선택은 매우 중요하다. 그것은 훗날 자기 인생 여정에 여러 가지로 영향을 주는 경우가 많아서 자신이 좋아하는 분야의 일을 한다면 좋은 기회가 될 것이다. 직장을 다니다가 퇴직 후 처음 창업을 하면서 두려움을 느껴 보지 않은 사람은 없을 것이다. 하지만, 자기가 좋아하고 또 걸어온 전문분야에서 사업을 하게 된다면 그 일에 대한 성공 가능성과 더불어 성취감도 커지게 된다. 무엇보다도 중요한 것은 자기 잘 할 수 있는 분야에서 사업의 방향을 정하고 꾸준히 밀고 나가는 인내력이다. 이 책을 통하여 젊은 청년들이 자기 진로 설계에 도움을 얻을 것이라 믿는다.

— 이승진(패션유통기업 가로수 대표, SK그룹 근무경력)

1995년 한솔그룹이 선포한 '청년 정신'은 당시 24살이었던 나의 마음에 큰 떨림으로 다가왔다. 그 뒤 대학생 창업 1세대로서 지난 20년간 사업을 이끌면서 '청년 정신'은 나의 삶에 이정표가 되어 주었다. 이 시대를 살아가는 청년들의 '청년 정신'은 무엇일까? 이 책은 침체되어 있는 청년들에게 생각의 터닝포인트가 되어 줄 좋은 길잡이가 될 것이다. 이 시대 청년을 이해해야 할 우리들에게도 꼭 필요한 책이라 생각한다.

— 신동욱(아이요넷 대표, 대학생 창업 1세대로 중국 상해에서 창업)

대학에서 무엇을 자신의 전공으로 선택하였느냐는 인생의 전반에 걸쳐 상당한 영향을 끼친다. 사회생활의 출발점인 직장의 선택은 물론이고, 장기적인 커리어의 발전 방향, 개인적인 관심사 등 여러 부분들이 직·간접적으로 대학 때 배우고 들은 내용에 영향을 받는다. 때문에 대학 입학 전 최대한 많은 조사와 고민을 통해 전공을 결정하는 과정이 필수이지만, 안타깝게도 대한민국의 학생들은 이러한 고민

★ ★ ★ ★ ★ ★

을 충분히 거치지 못하는 경우가 많다. 자신이 인생 방향을 어떻게 계획하고 설계하면 좋을지 책을 통하거나 이미 앞서간 여러 선배들과 상담을 해보는 것이 좋은 방법 가운데 하나다. 이 책 내용에서 '나의 꿈, 나의 비전 가꾸기' 등이 돋보이는 부분인데, 자기 자신의 꿈과 인생 로드맵을 찾는데 좋은 길잡이가 될 것이다.

– 김민수(채널투씨 대표, 서울대 기계공학과 졸, S전자 인사팀 근무경력)

많은 사람이 항상 시간이 없다는 말을 입에 달고 산다. 나 또한 그 말을 자주 하지만 이 말을 하게 될 때마다 나에게 되묻는다. 정말 시간이 없는 것인지, 아니면 그냥 없다고 하고 싶은 건지, 혹은 내게 주어진 시간을 잘 활용하지 못하고 있는 건 아닌지. 하루에 24시간은 정해져 있고 더 늘리고 싶어도 늘릴 수 없기에 "시간이 금이다."라는 말을 하루하루 되새기며, 금보다 더 귀한 시간을 가치 있게 쓰는 삶을 살다 보면 모두에게 좋은 결과가 있을 거라고 생각한다. 이 책에 나오듯 '그럼에도 불구하고'라는 긍정의 마인드로 말이다.

– 김여수윤(JTL 국제물류 대표, 중국유학 후 청년창업)

대학교 졸업 전, 휴학을 하고 창업의 길로 들어선 지 어느덧 4년이 되었지만 매 순간 두려움과 한계의 벽을 만나게 된다. 경험이 많지 않은 내가 창업을 하고 한 방향에서 꾸준히 사업을 발전시키는 것은, 결코 쉽지 않은 길인 것 같다. 황갑선 대표는 중국에서 한중 교육 사업으로 15년을 해오고 있고, 현재까지도 계속 사업의 발전을 도모하며 청년들이 더 큰 꿈을 지니고 창업을 할 수 있도록 용기를 주고 있는 분이다. 이 책이 많은 대학생이 꿈을 찾는데 가이드가 되고 졸업 후 취업과 청년창업을 고민하는 사람들에게 큰 도움이 되리라 생각한다.

– 현성준(라이크어로컬 대표 , 건국대학교 3학년 휴학 중 창업)

★★★★★★

도전하는 것도 습관이다. 다양한 도전에서 얻어지는 경험은 앞으로의 인생을 풍요롭게 만든다. 나의 경우, 대학 졸업 후 공장부터 마트 행사, 국가 행사, 청원경찰, 과외, 창업, 호텔, 패스트푸드점, 맨몸 어학연수, 멕시코 1달 살기, 호프집, 옷가게, 곱창집, 미군 부대 업무 등 20개가 넘는 일과 다양한 경험을 했다. 무엇을 할지 모를 때는 직접 부딪치며 자신을 찾아야 한다. 경험이 주는 지혜는 자신을 단단하게 만들며 삶의 방향을 알려준다. 그러니 도전해라! 인생의 기회를 걸림돌로 생각하는 사람과 디딤돌로 생각하는 사람의 결과는 완전 다르게 나타난다. 무엇을 할까 방황하는 2030을 위해 꿈을 찾고 인생 로드맵을 짜는데 이 책이 많은 도움이 될 것이라 확신한다.

– 박혜주(『남들과 다르게 살아도 괜찮아』 저자, KT 그룹사 근무)

중국에서 영국까지 8개월간의 자전거 여행을 준비하던 중 황갑선 대표님을 뵙게 되었다. 늘 청년들을 만나며 사시는 분이라서 그런지 소위 말하는 '꼰대'가 아니라 청년들의 말에 귀 기울이시는 분이었다. 당시 나는 영문기자로서 많은 분을 인터뷰해 기사를 썼었는데, 반대로 황 대표께서 어린 나의 말을 다 받아 적어 일주일 안에 기사로 발행하신 것을 보고 정말 놀라웠다. 항상 경청하는 모습과 실행력을 보면서 정말 청년 같은 분이라는 생각이 든다.

상해에서 5년 동안 하던 영문기자 일을 접고 오랜 꿈을 이루기 위해 자전거로 유라시아를 횡단했다. 일을 하다가 문득 자꾸 생각나는 소싯적 꿈이 있다면 거기에 한번 본인의 '청년 시절'을 걸어도 좋다고 생각한다. 어디 소속으로서의 내가 아니라 스스로 걷는 길의 내가 좋다고 생각한다. 불확실성을 즐기고, 새로운 것에 도전하는 모습이 가장 아름답다고 생각한다.

– 유채원(『유라시아 일주 자전거 편지』 저자)

청년이 살아야 나라가 산다

★★★★★★

졸업이 다가오면서 이런저런 생각이 많아진다. 취업 준비는 어떻게 해야 할지, 한국으로 돌아갈까 아니면 중국에 남아 있을까 등 미래에 대한 고민을 많이 하게 된다. 대학을 졸업하고 사회에 나가서 마주쳐야 할 문제들이 벌써 두렵기도 하다. 이책에서는 우리가 많은 고민과 생각보다는 실천이 중요하다고 강조하고 있다. 길을 못 찾고 방황하는 많은 청년에게 좋은 길잡이가 되는 책이라고 생각한다.

– 정훈석(중국 푸단復旦대학 경제학과 재학)

'무엇을 해야 할지 모르는 것'은 청년에게는 당연한 것이며 고유한 특권이다. 대학 시절 무엇을 해야 할지 몰라 다양한 경험을 했고 그 과정에서 수많은 꿈과 도전이 있었다. '내가 무엇을 해야 할까'를 고민하고 있을 때 '상해대학 학기제 어학+현장 실습 프로그램'에 참가한 것이 인생의 터닝포인트가 되었다. 처음으로 접한 중국에서의 다양한 경험과 가능성들은 새로운 꿈을 만들어 주었고 새로운 도전의 시발점이 되었다. 프로그램이 끝났을 때 내 안의 열정이라는 에너지가 가득함을 느꼈다. 귀국 후 HSK 6급을 준비하고 합격하였다. 중국어, 일본어, 영어, 그리고 특별한 경험이라는 무기를 갖추니 면접에서도 자신감이 붙게 되어 취업 준비 4개월 만에 성공하였다.
책에서 제시하는 '터닝포인트', '마인드업', '평생 직업에 목숨 걸어라.'라는 내용은 이 시대의 많은 청년들에게 중요한 나침판이 될 것이다.

– 이호연(무역회사 해외영업부 근무, 동국대학교 일문과 졸업)

청년이 살아야 나라가 산다

위기의 시대, 청년의 멘토를 찾아서

청춘은 듣기만 해도 가슴이 설레는 단어이다.

청(靑), 푸르다. 춘(春), 봄이다.

푸른 봄이라는 말이다. 혹독하게 추운 겨울을 참고 견디고 따뜻한 햇살이 대지를 녹여 아지랑이가 피어오르는 계절이 봄이다. 따뜻한 봄볕에 파릇파릇 새싹이 돋아난 버드나무 가지를 만지면 진득한 물기가 손에 묻어날 것 같고 능수버들 가지는 봄바람에 춤추는 생동의 계절이다. 사람에게도 푸른 봄과 같이 생동감이 넘치는 시기를 청년이라 부른다.

청(靑), 푸르다. 년(年), 나이.

마음이 푸른 나이가 청년이라는 말이다.

★★★★★★

청년은 인생에서 육체적으로나 정신적으로 가장 역동적인 연령이기도 하다. 보통 10대 중후반부터 20대, 30대 시기를 우리는 그렇게 부르고 있다. 이때는 육체적으로 정력이 가장 왕성하고 무엇이든지 해낼 수 있는 자신감이 넘치고 하고 싶은 일도 많은 시기이다. 그래서 인생에서 청년은 가장 활기차고 생동감이 있는 단어로 쓰인다.

그런데, 지금 이 시대 청년들은 우울해 보인다.

각종 매스컴 등 언론보도에서 '취업', '청년실업', '일자리', '고령화'라는 단어가 연일 떠오른다. 뿐만 아니라, 친목계나 가족모임에서도 청년 문제가 늘 화제의 중심이 되고 있다. 그만큼 청년 문제는 지금 누구도 쉽게 풀지 못하는 사회 문제로 고착화된 지 오래다.

지금 이 시대 청년들은 암울해 보인다. 무언가 돌파구를 못 찾고 헤매고 어둠 속에서 우왕좌왕하는 모습이 안쓰럽게 느껴진다.

흔히들 한국이 위기를 맞았다고 말한다. 국가적으로는 성장, 수출, 고용 등 경제 핵심의 동력을 잃고 하향으로 접어 들어간다고 연일 매스컴이 보도한다.

그동안 한국을 세계경제국가로 이끌어왔던 철강, 화학, 조선 등 핵심 제조 산업은 세계를 주도하는 역량은 갈수록 적어지는 것 같다. 한때 IT

★★★★★★

강국이라고 폼 잡았던 시절은 어디로 사라졌는지 지금은 그 단어조차도 찾아보기 힘들다. 계속되는 불황에 문 닫는 자영업자가 속출하고 청년실업자는 넘쳐난다는 뉴스가 계속된다.

지금 이 세대 젊은 청년들은 답답하다.

무언가 속 시원하게 길을 안내해주는 가이드가 없다. 어른들은 이제 그 정도 나이를 먹었으니 알아서 하라고 한다. 알아서 하려고 하니 무엇을 해야 할지 모르겠다. 그래서 답답할 뿐이다.

지금의 아버지들은 생각한다.

그들은 한국의 산업시대에서 태어나 한국경제의 고속 성장과 함께 성장해왔던 세대이다. 지금의 청년들이 숨 바쁘게 취업준비를 하고 있는 모습을 보며 몹시 안타까워한다. 하지만 한편으로, 그저 한심한 생각이 드는 것도 사실이다.

"요즘 젊은 사람들은 헝그리 정신이 없다."

"눈만 높아져서 중소기업은 쳐다보지도 않는 것이 문제이다."

"편한 쪽으로만 생각하고, 좀 어려운 것은 견디지 못한다."

청년이 살아야 나라가 산다

나이가 든 어른들도 우울하다. 주변을 돌아보니 별 할 일이 없다. 그래서 또 하루를 별생각 없이 보낸다.

나이가 젊은 사람만이 청년을 뜻하는 것은 아니다.

청(靑)은 푸름이고 년(年)은 나이이다. 마음이 푸르면 나이가 아무리 많아도 청년이다. 나이 먹은 사람들이 별 하는 일 없이 시간만 까먹고 사는 식시인간(食時人間)이 되어서는 안 된다. 나이는 숫자에 불과하고 자기가 할 일을 찾아 나서야 한다. 인생의 종착역이 되는 시점에서 자신을 돌이켜보았을 때 후회되지 않은 삶을 살았다면 그것이 성공한 인생 아니겠는가.

누군가는 나서야 한다.

그것도 나이를 한 살이라도 더 먹은 사람이 앞장서야 한다. 선배로서, 스승으로서, 사회를 이끌어가는 지도자로서 후배들에게 귀감이 되고 따르고 싶은 사람이 되어야 한다.

"이 세상에는 이런 사람도 있다. 한번 닮아봐!!"
"나도 그 형과 같이 한번 해보고 싶다⋯."

우리가 사는 주변에서 진정으로 닮고 싶은 사람이 있어야 한다. 사람은 환경의 영향을 받고 살아간다. 그래서 인생을 살아가면서 누군가를 닮아가고 성장하게 되는 것이다.

모두들 힘들다고 아우성을 치고 있는 현실이 일상이 된 지 오래다.

그런 가운데서도, 어렵지만 꿈을 꾸고 키워나가는 당당하게 살아가는 청년들이 있다. 불가능한 싸움이라고 생각되었던 골리앗에 당당하게 맞서 이긴 다윗과 같은 사람들이 주변에 많이 있다. 그런 청년들을 발굴하고 널리 알려야 한다. 이 세상에 닮고 싶고 본받을 사람이 많아야 한다.

청년들에게는 기회가 필요하다

한국에는 대학이 많다.

그래서 대학을 가고 싶으면 누구나 들어갈 수 있는 나라이다.

대학진학률이 80%까지 치솟고 세계에서 가장 높은 대학진학률을 가진 나라이다. 하지만 인구는 급속히 적어져서 2020년부터 고교 졸업자 수가 대학입학 정원보다 적어지는 학생 부족현상이 나타난다.

급속한 고령화 사회. 인구절벽, 4차 산업혁명 등 사회구조가 급속한 변화의 물결이 거세다. 거대한 변화는 몰려오고 있고 그 변화의 물결은 사회 전반적인 패러다임을 흔들고 있다.

★★★★★★

　우리는 무엇을 어떻게 준비해야 할 것인가.

　4차 산업혁명 시대의 빠른 변화에 앞서 대학이 그 역할을 제대로 해야 하는 중요한 시점이다. 4차 산업혁명 시대에 맞는 학교 교육시스템으로 빨리 전환시키지 않으면 안 된다. 그저 학생들에게 꿈을 가지라고 요구만 하는 것은 시대상황에 맞지 않다.

　필자가 운영하는 코리나교연은 2005년에 설립하여 한중 교육연수, 해외 인턴십, 취업, 전문 인재 기업추천 등 글로벌 리더십프로그램(GLP)을 15년간 진행해오고 있다. 이 일은 앞으로도 변함없이 진행될 것이다.

　매년 봄 학기, 여름 방학, 가을 학기, 겨울 방학에 한국 대학생 300여 명 이상이 참가하고 있다. 그러다 보니 나는 한국의 대학생들과 많은 시간을 같이 보내면서 대학생들의 고뇌를 공유하고 해결방안에 대해 고민하는 기회가 많다.

　공교롭게도 프로그램에 참가하는 대부분 대학은 서울이 아닌 지방에 위치한 대학과 전문대학 학생들이 많이 참가하고 있다. 한국 사회는 뿌리 깊은 학벌 사회와 대학의 서열화가 심한 나라이다. 그러다 보니 소위 명문 대학과 그러지 못한 대학 간의 현실적인 간극을 누구도 부인하기 어렵다.

★★★★★★

　내가 만나는 많은 학생들은 어딘가 모르게 뭔가 눌려 있는 것을 흔하게 보게 된다. 하지만 그들을 조금만 도와주고 가이드를 해주면 벌떡 일어날 것 같은 생각이 많이 든다. 그 사람들에게 꿈과 희망과 용기를 분출시키는 기회를 만들어주어야 한다.
　누군가는 그 일에 앞장서야 한다.

　만남과 생각, 실천을 공유할 동지가 있다면!

　'인생을 어떻게 살아갈까?' 누구나 갖는 자신에 대한 질문이다.
　나에게도 언젠가부터 고민하게 되었다.
　어느 날 '기여(寄與)'와 '공유(共有)'라는 단어가 전광석화 같이 떠올랐다.
　지금은 내 인생의 화두(話頭)가 되었다.

　덧없이 사라지는 인생보다는 누군가에 좋은 영향력을 주는 기여된 삶을 살아보자는 생각이 들었다. 좋은 생각의 공유, 좋은 만남의 공유, 좋은 실천이 공유되는 삶은 나의 인생의 소중한 가치라고 생각한다. 그렇게 인생 목표가 정해지니 매일 바쁘게 보낸다. 새로운 사람을 만나는 것도 나에게 큰 기쁨이고 행복이다. 그래서 매일 즐겁게 일한다.

청년이 살아야 나라가 산다

★★★★★★

　아무리 좋은 생각도 실천이 없으면 안 된다. 좋은 생각을 실천하는 사람들과 만남의 장(場)을 만들기로 했다. 그것이 지금의 '청년다윗스쿨' 모임이다. 또한, 어려운 상황에서도 당당하게 살아가는 사람을 찾아 인터뷰하고 기사화해서 세상에 널리 알리는 일을 하게 되었다.

　자신의 역경을 극복하고 어디서나 당당하게 살아가는 사람들을 만나는 일을 내 인생의 가치로 정했다. 그들과 같이 꿈과 희망, 용기를 공유하면서 서로 간 인간적인 매력을 느끼게 되어 나 자신도 인생의 큰 보람이라고 생각하고 있다.

　뜻을 같이하는 사람을 동지(同志)라고 부른다.
　뜻을 같이하는 사람은 나이가 많고 적음, 지위가 높고 낮음, 돈이 많고 적음을 초월하게 된다. 그래서 뜻이 통하는 만남은 편하고 즐겁다. 뜻이 통하는 동지간의 대화와 교류를 통하여 서로 같이 배우고 성장한다.

　북극성은 하늘에 떠 있는 작은 별이지만, 우리 인류에게 수천 년 동안 길의 방향을 제시했다. 아마존강의 나비 한 마리 날갯짓이 세상에 큰바람을 일으킨다는 말이 있다.

★★★★★★

 '청년다윗스쿨' 모임이 이 세상에 조금이라도 도움이 되면 좋겠다는 바람이다. 방황하고 좌절하는 청년들이 자기 인생의 올바른 방향을 정하는데 길잡이가 되길 바란다.

 이 책이 나오기까지 많은 분들이 도움을 주었다. 이 세상은 나 혼자가 아니라는 것을 새삼 생각하게 된다. 앞으로 가야 할 길이 멀고, 할 일은 많다.
 좋은 생각을 공유해주는 '청년다윗스쿨' 모임 여러분과 인터뷰를 통하여 서로의 꿈과 용기를 나누었던 청년다윗 여러분들에게 감사드린다.

 나의 오늘이 있기까지 격려와 응원을 아끼지 않았던 많은 분들께 심심한 사의를 표한다.

청년이 살아야 나라가 산다

★★★★★★

"자신의 역경을 극복하고 어디서나 당당하게 살아가는 사람들을 만나는 일을 내 인생의 가치로 정했다. 그들과 같이 꿈과 희망, 용기를 공유하면서 서로 간 인간적인 매력을 느끼게 되어 나 자신도 인생의 큰 보람이라고 생각하고 있다."

새로운 도약을 기약하며

황 갑 선 황 갑선

2020년 2월

| 목차 |

Part 1

청년이 살아야 나라가 산다

Part 4

터닝포인트: 생각을 바꾸면 세상이 보인다

Part 5

티핑포인트: 실천하라! 세상이 뒤집힌다

Part 1

청년이 살아야
나라가 산다

01

거대한 물결이 몰려온다

인공지능 시대, 4차 산업혁명은 세상을 어떻게 바꿀까?

2016년 3월 서울에서 인공지능(AI) 알파고(AlphaGo) 대 한국의 대표 프로기사 이세돌의 세기의 바둑 대결(Google Deepmind Challenge match)이 벌어졌다. 최고의 바둑 인공지능 프로그램과 바둑의 최고 인간 실력자의 대결로 세계적으로 집중적인 주목을 받았다. 결과는 알파고가 4승 1패로 이세돌에게 승리하였다.

알파고의 승리가 우리에게 주는 충격과 그 의미는 매우 컸다. 1997년 IBM의 인공지능 딥블루가 세계 체스 챔피언 카스파로프에게 승리했을 때와는 다르다. 딥블루는 당시 이미 데이터를 가지고 있었지만 알파고는 이세돌 9단에 대한 어떠한 데이터도 없었다. 게다가 바둑은 체스보다 더 복잡한 룰을 가지고 있다.

이것은 단순히 인류가 인공지능 간의 자존심 대결을 넘어 인공지능이 앞으로 어디까지 진화할지 우리 인류에게 어떤 영향을 미칠지 상상해보는 계기가 되었다.

알파고를 개발한 구글 딥마인드의 공동창업자이자 CEO인 데미스하사비스는 알파고의 미래 역할에 대해서 이와 같이 말했다.

"바둑에서 이기려면 바둑판의 형상을 인지하는 기능과 경험을 바탕으로 바둑을 더 잘 둘 수 있는 학습역량, 모든 가능성을 검색하는 탐색 트리 기법 등을 갖춰야 한다. 이런 능력을 현실 세계에 대입하면 방대한 데이터 속에서 구조를 찾아내 장기적인 계획을 세우는 범용적인 알고리즘을 갖게 된 셈이다. 결국 바둑이라는 게임에만 국한하지 않고 여러 분야에서 활용할 수 있을 것이다."

한국뿐만 아니라 세계 바둑계를 호령했던 이세돌 프로기사의 패배는 다가오는 미래 세계에서 우리가 어떻게 존재할 수 있을까 하는 과제를 남기게 되었다.

이 사건 이전에도 많은 사람들이 앞으로 도래할 4차 산업혁명 시대를 준비해야 한다고 말했다. 그리고 어느덧 제2, 제3의 알파고가 우리 곁에 성큼 다가와 있고, 인공지능(AI)산업은 우리 생활 속에 깊숙이 파고 들어왔다. 인공지능은 반복되는 단순 업무를 대신해주거나 많은 양의 데이터를 빠르게 계산해주는 지식 노동을 넘어 인간의 감성을 흉내 내거나 인간과의 감성 교류를 하는 단계로 급속히 발전되고 있다. 어쩌면 인간을 위협하고 멸망시킬 수 있다는 상상을 해보기도 한다.

또한 산업혁명 이후 지금까지 수많은 직업이 사라졌던 경험을 통하여 앞으로 다가오는 4차 산업혁명으로 수많은 일자리가 사라질 것이라고 예견하고 있다. 지금까지 우리 인류가 생존해오면서 산업의 진화는 계속되어왔다. 태초에 인류는 채집 수렵 활동을 거쳐 농경사회를 이루면서 정착세계를 가져왔다. 약 2천 년 이상 유지한 농경사회에서 18세기에 영국을 중심으로 일어난 산업혁명은 큰 변화의 시작이 되었다. 실제로 산업혁명 여파는 대단했다. 산업혁명은 대규모 실업 사태를 불러왔다.

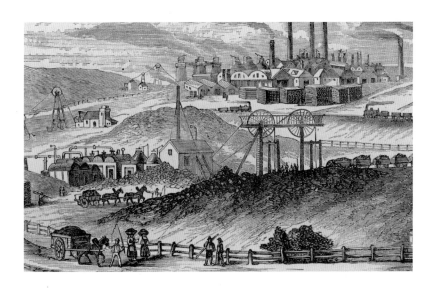

증기기관으로 대표되는 기계는 사람의 일자리를 빼앗게 되었고, 이에 분노한 많은 사람들은 기계를 부수기 시작했다. 이것을 두고 러다이트운동(Luddite Movement)이라고 하였다.

1811~1817년 영국 중, 북부의 직물공업 지대에서 기계파괴운동이 일어났다. 산업혁명으로 인한 경제 불황, 임금하락, 고용감소, 실업자 증가에 대한 분노였다. 하지만 지금은 기계를 부수는 일은 없다. 기계가 우리 인간의 삶을 훨씬 윤택하게 해주고 있기 때문이다.

1910년대에 포드 자동차가 주도했던 컨베이어 벨트 시스템은 2차 산업혁명을 불러일으켰고 인류의 풍요로움과 편리, 삶의 여유를 만드는 결정적인 계기가 되었다. 인류역사상 가장 물질적인 풍요를 누리는 계기가 되었다. 제조업이 발달할수록 고용이 늘어갔고 개인의 수익도 늘어가면서 풍요로운 고용사회가 만들어지고 발전되었다. 제조업을 중심으로 산업을 이끌어가는 시대의 핵심 연료는 석유였다면, 4차 산업혁명이 연 세상에서는 핵심 연료가 빅데이터이다.

『유엔 미래보고서 2045』는 인공지능(AI)과 로봇공학, 사물인터넷(IoT), 자율주행차 3D 프린팅, 바이오기술 등으로 수백만 개의 일자리가 없어진다고 한다. 대표적으로 사라질 직업군으로 의사, 변호사, 기자, 통 · 번역가, 세무사, 회계사, 감사, 재무 설계사, 금융 컨설턴트 등이라고 예측

청년이 살아야 나라가 산다

하고 있다. 결국은 인공지능 로봇 등의 등장이 우리 인간의 일을 돕는 훌륭한 친구이자 파트너가 될지, 인간의 일자리를 빼앗는 경쟁자가 될지는 모르는 상황을 맞고 있는 것이다.

"요즘은 모든 기업이 인력을 탄력적으로 운영한다. 따라서 정규직은 그다지 많지 않다. 대부분은 프로젝트별로 고용된 전문 인력들이다. 회사에 고용되는 것이 아니라, 프로젝트에 단기간 고용되는 방식이 요즘 일반적인 고용 형태다."

   - 『유엔 미래보고서 2045』 중에서

"생활의 파트너는 심지어 인공지능이 될 수도 있다. 인간처럼 사고하고 상호작용하는 다양한 인공지능이 혼자 사는 인간의 외로움을 책임지는 것이다."

   - 『유엔 미래보고서 2045』 중에서

서점에 가면 4차 산업혁명에 관한 책이 즐비하고 사라질 직업과 새로 생길 직업에 대해 구분해놓은 책을 쉽게 볼 수 있다. 기존의 직업군들이 사라지고 대규모 실업 사태가 일어난다는 것이다.

하지만 대체 무엇을 어떻게 준비해야 하는지 속 시원하게 내세우는 것은 찾아보기 어려운 것 같다. 다만 새로운 물결이 다가오고 있고, 그 물결이 세상을 바꿀 것 같은 느낌만이 선명하다.

세상의 변화 속도는 너무 빠르고 세상의 바꾸는 위력은 커져만 가고 있다. 변화 속도는 마치 창밖의 전봇대가 휙휙 지나가는 것처럼 보이는 고속열차에 탄 것처럼 빠르다. 잠시 머물러 있으면 뒤처지고, 변화하는 세상을 따라잡기 위해서는 숨이 턱에 차오른다.

이 거대한 변화의 물결을 단순히 두려움의 대상으로만 생각해야 할 것인가? 빠르게 변화하는 세상을 앞서려면 지금보다 더 뛰어야 한다. 세상의 변화를 인정하고 그에 대한 준비를 하는 자만이 그만큼 앞서갈 수 있는 사람이 된다. 세상의 변화를 감지하고 이에 대해 대비하는 자는 이런 흐름을 헤쳐나갈 용기를 갖게 될 것이다.

현재의 청년들이 미래 시대의 주역이다

이제는 4차 산업에 맞는 지식과 정보에 대해 공부하고 활용에 익숙하도록 해야 한다.

세계적인 미래학자인 엘빈 토플러가 한국을 방문하여 한국 학생들을 보고 이렇게 말하며 한국 교육 현실에 대해 매우 뼈아픈 지적을 했다.

"한국 학생들은 하루 10시간 이상 죽도록 열심히 공부하고 있지만, 안타깝게도 10년, 15년 후 미래에 필요치 않을 직업을 위해 시간을 허비하고 있다."

2019년 스위스 제네바에서 진행된 유엔 아동권리위원회의 한국 정부 아동인권협약 이행 국가보고서 심의에서 위원들은 "한국 공교육의 목표는 오직 명문대 입학인 것 같다."라고 지적하기도 했다.

하지만 지금의 부모들은 불안하다. 주변을 돌아보면 더욱더 조급해진다. 혹시 내 아이만 뒤처지지 않을까 하는 마음이 앞서기 때문이다. 당장 돈이 없어도 별의별 궁리를 하여 기어코 학원에 보내고 있다. 한국 학부모의 불안감은 한국의 사교육 시장을 세계 최고 수준으로 끌어올렸다. 하지만 대학입시에서 좋은 성적을 얻기 위한 달달 외우는 암기교육에 치중되어 있다.

부모들에게는 앞으로 다가오는 세계에 대한 준비는 나중 얘기다. 그들은 당장 좋은 대학에 들어가는 것이 더 중요하다고 생각한다. 왜냐하면 좋은 대학을 나오면 자녀의 인생이 잘 풀릴 것으로 굳게 믿기 때문이다.

그러나 과연 이런 믿음이 옳을까?

우리에게 성큼 다가온 4차 산업혁명 시대는 우리 인류가 그동안 경험하지 못한 새로운 세계를 가져온다. 초 연결시대이다. 어느 한 곳에 머물러 일하지 않고 전 세계가 하나로 엮여 굴러가게 된다.

변화의 속도는 이미 체감하고 있다. 2007년 스마트폰의 등장, 2010년 중국의 G2 등극, 2016년 4차 산업혁명 시작으로 기존의 사고로는 해결되지 않고 이해할 수 없는 대변혁시대가 밀어닥쳤다. 앞으로 다가올 4차 산업 글로벌 시장에서는 한층 더 무한 경쟁에 돌입하게 된다. 앞으로 미래사회는 인공지능(AI), 사물인터넷, 빅데이터, 클라우드, 모바일 등 어느 것 하나가 따로 도는 것이 아니라 사슬같이 묶여서 돌아가게 되는 세계이다.

이에 공유 경제에 익숙한 지금의 10대~20대가 세계 경제 주역으로 등장하고 있다. 앞으로 그들이 앞으로 세상의 패러다임을 통째로 바꾸게 될 것이다. 4차 산업 글로벌 경쟁에서 어깨를 나란히 할 수 있는 분야별 전문 인재가 필요하기 때문이다.

한국은 그동안 제조 산업 시스템에서 열심히 일하여 경제 기틀을 잡았던 소유경제 시대를 살아왔다. 이제는 모두가 하나로 묶이는 공유 경제 시대로 급속히 전환해야 한다. 이에 대한 준비와 빠른 대체가 필요한 시점이다. 기술의 변화 주기는 가면 갈수록 빨라진다. 산업 변화 트렌드를 예측하고 거기에 적응할 수 있도록 10~20대들에게 앞선 교육을 제공해야 한다.

청년이 살아야 나라가 산다

그동안 제조 산업 경제 속에서 살아온 40대~60대는 어떨까? 시대 흐름에 한순간에 밀려나기 쉬운 운명에 처해져 있다. 이미 100세 시대를 맞이하고 있기에, 어른들은 과거에 배우고 익혔던 지식과 상식을 계속 업데이트해야만 변화하는 세계에서 살아남을 수 있을 것이다.

4차 산업혁명이 가져올 대변혁의 충격은 그동안 경험했던 산업혁명 변화의 충격보다 더 크게 다가온다. 이렇게 빠르게 변화하며 바뀌는 환경에 적응하고 극복할 수 있는 능력을 갖추어야 한다.

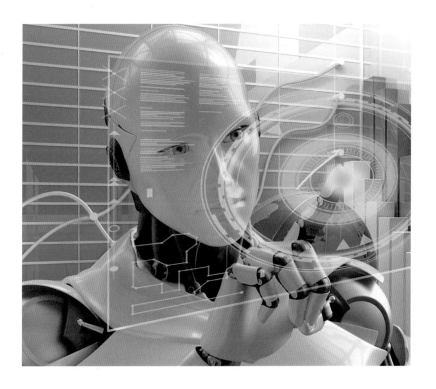

02

베이비붐 세대가 어떻다고?

베이비붐 세대는 기성세대가 되었고, 그 아이들이 청년이 되었다

한국의 베이비붐 세대는 1955~1963년에 태어난 사람들로 760만 명에 이른다. 베이비붐 세대는 한국전쟁 이전 세대와 달리 비교적 교육의 혜택을 받고 살아왔다. 한국의 경제성장과 함께 먹고사는 것은 어느 정도 해결되었던 세대이다. 그때까지의 한국역사상 그나마 축복받은 세대이기도 하다. 그러나 앞만 보고 뛰어오다 보니 자기 자신의 노후 준비가 부족한 상태에서 은퇴를 맞이하는 사람이 많다. 평균 수명이 연장되어 건강히 살아계시는 부모를 봉양하고 자녀들을 교육시키는 데 많은 돈이 들어가서 정작 자기 자신의 은퇴 이후의 준비는 잘 안 된 사람이 많은 것이다. 그들 자신 역시 신체적으로 아직 건강하고 사회적으로 은퇴하기엔 너무 이르다고 생각하는 세대다.

베이비붐 세대는 지금의 청년세대와 달리 대학을 졸업하고 취업은 비교적 쉬웠던 세대인 것은 틀림없다. 1980년대 한국경제는 원화 가치, 물가, 유가가 모두 낮아 이른바 '3저 시대'를 맞이하고, 기업 활동이 활발하여 원만한 대학 졸업자는 졸업 후 일자리를 찾는 데는 지금과는 비교가 되지 않는다.

취업 후 직장을 다녔던 사람들은 재형저축, 정기 적금 등 이자율이 높은 다양한 금융상품을 통하여 저축을 할 수 있었다. 악착같이 재형저축과 정기 적금을 만기까지 내면 목돈을 만져볼 수 있었고, 힘들긴 해도 돈을 모아 신도시 소형아파트 분양을 받으면 인생의 행복한 순간을 맞이할수도 있었다. 또한, 부동산 시황도 좋아서 아파트값은 계속 올랐고 새집을 마련한 뒤에도 또다시 새로운 아파트 분양을 한 번 더 받는다든지 한두 번 집을 옮기면서 재산을 불릴 수 있었다. 무일푼으로 시작한 살림살이로 아파트를 마련하고 고가로 오른 부동산은 중산층에 진입할 수 있는 이동 사다리였다. 그래서 베이비붐 세대는 직장을 다니면서 은퇴 후에도 아파트 한 채 남는 정도까지 된 것이다.

하지만 지금 그들의 자녀 세대는 다르다. 지금 베이비붐 세대의 자녀가 대부분 청년층을 형성하고 있다. 베이비붐 세대가 직장에서 이미 은퇴하거나 인생 2막을 준비하고 있는 동안 그들의 자녀들은 취업, 일자리, 독립적인 생활을 위한 치열한 전쟁을 치르고 있다.

그들은 대학 입학과 동시에 취업준비를 한다. 대학 졸업 후 20대에 취업에 성공하면 가문의 영광이라고 할 정도로 취업난에 시달리고 있는 것이다. 그러다 보니 결혼도 늦어지고, 결혼 후 신혼살림을 하게 될 아파트 값도 하늘을 찌를 정도로 높아 월급을 모아서 내 집 마련을 한다는 것은 어림도 없는 이야기다. 신혼집 전세금마저도 부모가 대주지 않으면 안 되는 상황이다.

아버지와 자식, 그들이 겪는 사회의 간극

통계에 의하면 베이비붐 세대인 1960년대 초반에 태어난 사람들이 내 집을 마련하는 데 8.6년 걸렸다면, 20년 지난 뒤의 그들의 자녀 세대인 1980년대 초반에 태어난 사람들이라면 28년이라고 한다. 이제는 스스로 내 집 마련은 참으로 어려운 얘기가 되어버렸다.

1960~1980년대까지 한국의 경제성장률은 10% 정도였다. 그러나 최고 치를 찍은 그때 이후 경제성장률은 계속 떨어져 2019년에는 2%대였다. IMF를 겪었던 1990년대에도 7%였는데 말이다. KB주택가격 동향의 시계열 자료에 의하면, 1980년대 후반의 주택매매지수 상승률은 10.8%였다. 그리고 2010년 초중반에는 1.9%로 급격하게 떨어졌다.

이 아버지 세대와 자녀 세대는 사회생활을 출발점이 다르다. 그런데

청년이 살아야 나라가 산다

아버지 세대는 자녀들에게 쉽게 이야기한다.

"나는 맨손으로 무일푼으로 이렇게 올라왔다. 너희들은 배울 만큼 배웠는데 왜 그 모양이냐?"
"요즘 젊은 사람들은 눈높이 높아져서 큰 문제야."

어른들은 청년들에게 이야기한다. 눈높이를 낮추면 얼마든지 일자리가 있다는 것이다. 우선 그런 곳에 취직을 하라고 한다. 하지만 정작 자기 자녀에게는 하는 말이 달라진다.

"대학까지 가르쳐놓았더니 겨우 이런 일이나 하고 있으니…."
"그런 직장을 다니지 말고 공무원 시험 준비를 하는 것이 좋을 것 같다."

자녀들도 할 말이 있다.

"아버지 때는 취업이라도 잘 되었잖아요."
"저도 한번 취직해서 잘려볼 기회라도 있었으면 좋겠어요."

03

젊은 노인들과 싸움

고령화라는 문제 속의 또 다른 문제, 노후 준비

한국 미래의 큰 짐으로 고령화 문제를 내세우고 있다. UN에서는 전체 인구에서 만 65세 이상 인구 비율이 7%를 넘으면 고령화 사회, 14%를 넘으면 고령사회, 20% 이상이면 초 고령사회로 분류하고 있다.

한국의 경우, 2000년 고령화 사회에 진입하여 17년 만인 2017년에 고령사회로 들어섰다. 2026년에는 초고령 사회에 진입한다고 한다. 이렇게 급속한 고령인구로의 변화는 전 세계적으로 유례를 찾아보기 힘들 정도로 심각하다. 이렇게 한국의 고령화 속도가 너무 빨라 대비할 여유가 적은 반면 고령화가 한국 사회에 전반적으로 미치는 충격은 매우 크다.

고령화 현상은 많은 사회 문제를 수반하는데, 지금 한국 노장년층의 가장 큰 고민거리는 단연 노후 준비이다. 한국은 노인을 부양하는 전통적인 유교 문화가 있지만, 이제는 본인 스스로 노후를 책임져야 한다는 분위기가 되었다. 젊었을 때 나름 열심히 일했고 노력했지만 동시에 부모를 봉양하고 자식 뒷바라지에 매달려야 했다. 벌어놓은 돈은 없고 수명은 늘어나니 걱정이 커질 수밖에 없다. 그래서 먹고 사는 문제를 해결해야 하는 고민이 상당수의 노인들 앞에 버티고 있는 것이다.

NH투자증권 100세시대연구소가 50대 남녀 500여 명을 상대로 노후 준비에 대해 설문조사를 했다. 노후 준비를 하고 있다는 응답은 48%로 절반이 채 되지 않았다. 벼룩시장 구인구직 설문조사에서는 직장인 절반 이상이 노후 준비를 하지 않고 있는 것으로 집계되었다. 그 이유로는 '노후를 준비할 만큼 상황이 여유롭지 못해서'가 79%로 가장 많았다. 노후 준비를 하고 있다고 답한 직장인들 중에서는 31.5%가 예금·적금, 28.5%가 국민연금, 19.7%가 개인연금으로 노후를 준비하고 있다고 답했다. 하지만 공공연금이나 사적연금을 통해서 연금 혜택을 받는 인구가 전체 인구대비 상당히 적은 편이다.

청년들과 젊은 노인들 사이의 어쩔 수 없는 경쟁

고령 인구의 급증, 베이비붐 세대의 쓰나미 은퇴, 저출산 문제, 학령인구의 급속한 감소 등이 국가 경제에 엄청난 재앙 수준이다. 이 같은 사회 문제를 해결하기 위해 많은 정책이 쏟아져나오고 있지만 직접 체감되는 것은 별로 없는 듯하다. 사람들은 이러한 문제에 대해서 다양한 의견을 이야기한다.

첫 번째 논란은 최근 대두되고 있는 60세 정년을 65세로 연장하자는 정책 방안에 대한 것이다. 100세 시대, 인간의 수명이 늘어가고 건강한 노인층이 증가하고 있기에 당연히 검토되어야 할 사항이다. 그러나 이 같은 정년 연장에 대한 의견도 분분하다.

정년이 연장될 경우, 그렇지 않아도 취업난에 시달리는 2030청년들과 계속해서 일을 하려는 젊은 노인들 간의 일자리 경쟁이 치열해질 수밖에 없다. 사실 현재 60세 정년도 일반 기업에 다니는 관리직에게는 꿈같은 이야기이다. 일반 기업의 피라미드 구조 조직의 치열한 경쟁에서 살아남아 60세 정년까지 누리는 것 자체가 어렵다. 또한 이런 정년 연장 정책이 시행될 때 이미 정년이 보장된 공무원이나 공기업 사람들에게만 혜택이 쏠리는 우를 범해서도 안 될 것이다.

두 번째 논란은 기득권을 갖고 있는 기성 세대가 20대 청년층에게 양보를 해야 한다는 것이다. 장년층의 임금 피크제 또는 조기 정년 및 해고를 통해 청년층을 위한 노동개혁을 해야 한다는 주장도 나오고 있다.

청년이 살아야 나라가 산다

그러나 이에 대한 반박도 있다. 소득 면에서 하층 계층인 부모 세대가 일자리를 잃게 되면 그 가족 전체가 더욱 가난의 수렁으로 빠져든다는 주장이다. 이들의 자녀는 대다수가 취업 준비 중이거나 취업했어도 아직 자리를 못 잡아 부모를 돌볼 수 있는 여건이 아니다. 모아둔 자본도 없다. 이러한 계층은 결국 가난의 늪에서 빠져나오기 어려워진다.

한국의 고령화는 세계 어떤 나라보다도 가장 빠르게 진행되고 있으며 심각한 사회 문제이다. 아직 힘 있는 젊은 노인층과 일자리를 찾아 기나긴 시간을 보내는 젊은 세대가 어쩔 수 없는 경쟁을 해야 하는 시기다.

지금 우리는 세상의 패러다임이 바뀌는 대변혁기를 맞이하고 있다. 그동안 겪어보지 못했던, 풀기 어려운 문제 속에서 서로의 이해득실을 따져 해법을 찾아야 한다.

위기는 기회라는 말이 있다. 항상 어려운 상황에서 반전의 기회는 있다. 그것은 서로가 머리를 맞대고 서로가 어떻게 해법을 찾아내고 그것을 실행에 옮기느냐가 관건이다.

청년이 살아야 나라가 산다

04

존경이 사라지는 사회

이 시대의 진정한 '어른'은 있는가?

미국의 유명 단편소설, 새니얼 호손의 『큰 바위 얼굴』의 내용은 한국의 교과서에도 실릴 정도 유명한 작품이다.

이미 많은 사람들이 알고 있지만, 줄거리를 요약하면 다음과 같다.

어느 높은 산중의 계곡에 풍요로운 마을이 자리 잡고 있고, 이 계곡에서 산을 바라보면 사람의 형상과 아주 흡사한 바위들이 마을 계곡을 내려다보고 있다. 가까이서 보면 단지 바위일 뿐이지만 마을에 사는 사람들에게 큰 바위 얼굴의 모습은 마을을 지켜주는 인자한 산신령과 같은 존재다. 어린 시절 어니스트(Ernest)는 어머니로부터 계곡 출신에서 큰 바위 얼굴과 똑같이 생긴 위대한 인물이 나타날 것이라는 전설을 전해 듣고 이 이야기를 철석같이 믿는다. 어니스트는 어린 시절부터 청년, 장년, 노년에 이르기까지 인간을 한없이 자애로운 미소와 가르침으로 지켜봐 주는 큰 바위 얼굴의 인물이 나타나기를 기다린다. 위대한 상인이자 거부로 성공한 사람, 여러 전쟁을 승리로 이끈 직업군인 장군, 위대한 정치가뿐만 아니라 위대한 시인까지 간절한 마음으로 큰 바위 얼굴과 똑같이 생긴 인물을 기다렸지만 어니스트는 이들이 항상 무엇인가 부족하다는 생각으로 실망을 금치 못한다. 이러는 사이 평범한 농부이자 촌부인 어니스트는 자애와 진실, 사랑을 설파하는 설교가가 된다.

주인공인 어니스트는 계곡이라는 자연에서 항상 자신을 지켜보면서 인자한 웃음을 버리지 않는 거대한 자연의 가르침으로 자연의 순리를 배운다. 어니스트는 계곡을 떠난 적도 큰 바위 얼굴로부터 멀어진 적도 없이 오로지 자연의 일부로서 세상을 살아간 인물로 등장해서 그 가르침을 전파하는 인물이 된다.

이 소설은 많은 사람들에게 큰 감동을 주었다. 전설 속에서 나타날 것 같은 영웅인 큰 바위 얼굴은 외형적으로 화려한 사람이 아닌 소박하면서도 진실 된 사람이야말로 존경할 수 있는 사람이라는 것을 말해주고 있다.

청년이 살아야 나라가 산다

살아가면서 주변에서 닮고 싶고 존경하고 싶은 사람을 만나는 것은 인생의 큰 행운이 될 수 있다. 그러나 한국의 사회 문제점 중에서 하나를 뽑는다면 이 시대의 진정한 어른이 없다는 것이다. 나이가 든 사람은 많은데 사회적으로 존경을 받고 귀감이 되는 어른이 적다.

물론 어느 세계나 그 세계를 이끌어가는 지도층 그룹이 있기 마련이다. 작게는 가정에도 있지만 대외적으로는 국정을 담당하는 정치가, 경영을 하는 기업가, 학계를 이끌어가는 학자, 교수 등 많은 사회 지도층이 있다.

국제교육협의회(IEA)가 2016년 영국의 시장조사기업인 입소스(IPSOS)를 통하여 세계 24개국 청소년을 대상으로 '다른 사람을 얼마나 믿느냐'를 조사한 결과 한국 청소년들이 타인에 대한 신뢰도가 전 세계적으로 가장 낮다고 발표하였다. 한국의 경우 가장 신뢰하지 않은 직업은 정치인으로 조사되었다. 정부 부처의 장관, 기업가들은 최하위권에 머물고 있어 국민들로부터 신뢰받지 못하는 기업군으로 자리 잡고 있는 것이다. 어려운 국가적 문제를 풀어가고 사회적으로 지도력을 발휘하며 존경하고 싶고 믿고 따르고 닮고 싶은 사람이 많이 사라진 듯하다.

한국에서 존경하는 인물이 누구냐고 물으면 그저 역사 속에서 나오는 세종대왕, 이순신 장군 등을 필두로 역사 속의 인물을 먼저 이야기한다. 그렇다면, 현재 살아 있는 사람들 중 존경할 수 있는 인물은 없는 것인가? 존경까지는 아니어도 최소한 닮고 싶은 어른은 있는가?

물론 이 사회에 그런 사람이 없는 것은 아니다. 작은 사회이든 남에게 눈에 띄지는 않지만 주변의 사람들에게 귀감이 되는 사람들은 많이 있다. 하지만 복잡하게 엉킨 이 사회의 난제를 해결하고 우리 사회를 이끌어주는 진정한 어른, 스승, 지도자를 만나고 싶은 것이 지금의 목마름이 아닐까? 특히나 지금의 2030세대의 머릿속에 가득 찬 취업 걱정, 주거 문제 등을 해결해주면 좋겠다는 생각이 든다. 하지만 누구도 속 시원하게 해결해줄 것 같은 생각이 들지 않는다.

기득권의 '넘사벽'을 넘어서

이런 관점에서 우리 사회를 들여다보자. 사회적으로 기득권 세대인 6070세대는 그들 자신이 청년기에 겪었던 빈곤과 전쟁 후유증, 산업화 과정, 민주화를 위해 싸우고 고생했던 경험을 강조하고 있다. 이들은 이미 사회적으로 자기의 영역을 구축하고 있고, 더욱이 자신의 기득권 울타리는 굳건히 지키려고 할 때 누가 그 사람을 믿고 따를 수 있을까?

우리 사회에서 '넘사벽'이라는 말이 유행하고 있다. '넘을 수 없는 사차원의 벽'의 줄임말이다. 아무리 노력해도 자신의 힘으로는 격차를 줄이거나 뛰어넘을 수 없는 상대를 가리키는 말이다. 2030세대는 현재 기득권 세대에게 이런 '넘사벽'을 느낀다. 이러한 분위기에서 2030세대가 누구를 존경하고 닮고 싶어 한다는 것은 사치가 된다. 그런 욕망의 샘은 생겨나지 않게 된다.

이 시대의 어른과 지도층은 믿고 따르는 사람이 있어야 존재 가치가 있다. 우리가 마주치는 사회 지도층이 존경까지는 아니어도 최소한 지탄을 받아서는 안 될 것이다. 어른은 어른다워야 어른으로 인정받고 아랫사람들이 따를 수 있다.

우리는 각종 SNS나 언론매체에서 능력 있고 평소 괜찮다고 생각했던 분이 하루아침에 나락으로 떨어지는 광경을 많이 보게 된다.

2019년 3월 25일, 교육부에서 "성균관대학교 교수 갑질 및 자녀 입학 비리" 관련 조사 결과 발표가 있었다. 성균관대 A교수가 자기 자녀입시 준비를 위해 자신의 연구실 대학생을 동원하여 동물실험을 지시하고 논문작성 등에 연구실 대학생을 사적으로 동원했고, 이 과정에서 갑질 행위가 있었다는 것이다. (중략) 자녀의 연구과제 수행, 결과 작성 관련 사실관계 확인과 관련 실적의 입시자료 활용 여부 등을 발표하였다. 또한, 앞으로 교수 갑질 문화 근절과 입학 업무가 공정하고 투명하게 처리될 수 있도록 엄중히 조치하겠다."라고 밝혔다. (참고 : 〈성균관대 교수 갑질 및 자녀 입학 비리〉 작성자 교육부)

　이와 같은 대학 교수의 비리 문제가 각종 매스컴을 장식하는 뉴스가 심심치 않게 나오고 있다. 한국 사회에서 학문적 기틀 속에서 인재를 양성하는 교육기관으로 최고 지성의 세계가 대학이다. 그런데 왜 대학에서 이 같은 문제들이 자주 일어나는 것일까?

　대학교수가 대학원생들의 장학금 갈취, 교수 자녀 논문 공동저자 등록, 논문심사비 요구, 차명계좌로 연구비 유용 및 갈취, 학생들에 대한 폭언, 여학생 성추행 등은 인터넷 포털사이트에서 인기 검색어로 자주 등장하기도 한다.

　이것은 한국 사회가 반칙과 편법을 통해서라도 결과를 중시하는 현상, 뿌리 깊은 서열문화, 기득권층의 횡포가 가장 모범이 되어야 할 대학교수 사회까지 만연되어 있다고 볼 수 있다.

　그렇다고 모든 대학의 교수가 그런 것은 아니지만, 유독 대학교수가 이러한 문제가 사회적으로 큰 이슈가 되는 것은 왜 그럴까? 그만큼 교수라는 직업이 사회적으로 지도층 신분으로 존경과 표상의 대상이 되어야 한다는 것을 말해준다.

청년이 살아야 나라가 산다

왜 그렇게 됐을까? 대부분 내공과 자기 철학이 부족하고 겉으로 포장된 모습만 보여온 경우가 많았다고 생각한다. 일부 정치나 기업가는 자신의 실속만 챙기고 이기주의에 사로잡혀있고, 그 외에도 아랫사람들에게 희망을 못 주는 어른이 많기 때문이다. 그러나 어른이 되어서도 후배들에게 모범이 되어야 진정한 어른으로 대접을 받을 수 있다.

노블리스 오블리주(noblesse oblige)라는 말이 있다. 프랑스어로 '고귀한 신분(귀족)'이라는 노블레스와 '책임이 있다'는 오블리주가 합해진 것이다.

과거 유럽 귀족사회에서 노블리스 오블리주는 지도자의 중요한 덕목이었다. 실제로 로마제국이 유럽을 1,000여 년간 지배할 수 있었던 원동력은 리더들의 솔선수범이었다. 전쟁이 일어나면 최고 지도자 집정관들이 가장 앞장섰고 죽음으로 맞서 싸웠다. 그들은 이런 모습들을 영광으로 여겼고, 아랫사람들은 이를 보며 리더에 대한 신뢰와 안정감을 느꼈다. 이런 정신은 지금까지도 유럽사회에서 리더의 중요한 덕목으로 이어지고 있다.

우리에게도 그런 정신이 있나? 우리 민족에게도 선비정신이라는 지식인, 지도층의 덕목이 있었다. 조선 왕조는 518년간 지속되었고 그 유래는 세계적으로 찾아보기 어렵다. 이 같은 유구한 역사를 이어올 수 있는 사상적 바탕에는 조선시대 지식인, 선비들의 정신이 있었다.

조선시대 선비 정신은 의리와 지조를 중요시했다. 선비 정신은 청렴과 청빈을 우선 가치로 삼고 일상생활에서도 타인에게 모범이 되는 것을 미덕으로 삼았다. 인간으로서 떳떳한 도리인 의리를 지키고, 그 신념을 흔들림 없이 지켜내는 지조가 있었다. 목에 칼이 들어와도 바른 말을 하는 강인한 정신, 옳은 일을 위해서는 죽음도 불사하던 불굴의 정신력, 항상 깨어 있는 청청한 마음가짐의 선비상은 지금에 와서도 많은 공감을 불러일으키고 있다.

또한, 조선시대에는 벼슬을 마치고 고향으로 내려가는 '낙향'을 미덕으로 삼았던 선비들이 많았다. 벼슬에 연연하지 않고, 정계를 떠나 후진 양성을 위해 평생을 바쳤던 이퇴계 선생을 필두로 하여 많은 선비들이 있었다.

이렇게 과거에는 어른이라면, 혹은 힘을 가진 사람이라면 지녀야 할 덕목이 있었다. 어린 사람들, 힘든 사람들에게 자신이 가진 경험과 지식 그리고 에너지를 나누는 것, 그리하여 주변의 동 세대 사람들은 물론 뒷세대 사람들이 클 수 있게 지지해주는 것이다. 과거에는 이것이 '진정한 어른'이었고 스승이자 지도자였고 리더였다.

지금 우리가 살고 있는 이 시대에는 진정한 스승, 존경하고 싶은 지도자는 얼마나 있을까?

한국의 발전을 위해서는 윗사람, 정치 지도층, 지식인, 학계 학자, 학생들을 가르치는 교수, 교사들이 뒤따라오는 후배들에게 존경하고 싶고 닮고 싶은 표상(表象)이 되어야 한다.

귀인을 만나라!

큰 나무 밑에서 작은 나무는 자랄 수 없다. 큰 나무로부터 그늘에 가려 살아가는 데 필요한 광합성 작용을 못할 뿐만 아니라 땅속의 영양분도 뺏기기 때문이다. 하지만 사람은 큰 사람 밑에서 비로소 인생을 배우고 느끼며 교육을 받아 제대로 자랄 수 있는 것이다. 그래서 인생을 살아가는 동안 누군가를 만난다는 것은 정말 중요하다.

나 역시 15년 동안 직장생활을 하다가 회사를 나와 사업을 시작할 때 사업의 사(事)자도 모르고 뛰어들었다. 그런 나로서는 누군가로부터 사업과 인생에 대한 조언을 듣고 싶었다.

그러던 중 우연히 어떤 분을 만나게 되었다. 나와는 특별한 학연, 지연 등이 없었기 때문에 길 가다 만난 모르는 사람과도 같았다. 그분은 나보다 15살 많으셨다. 그동안 여러 사업을 하면서 쌓은 경험도 많으신 데다 인격적으로 본받을 만한 분이라는 생각이 들었다. 우리는 자주 만나 많은 얘기를 나누는 기회를 가졌다.

나에게는 그분의 한마디, 한마디가 고귀한 가르침으로 들렸고, 나에게 꼭 필요한 사업 성공 매뉴얼이었다. 나는 아직도 그것을 활용하고 있다.

인생의 방향타를 제시하는 말씀으로부터 항상 배우려고 노력했고, 지금도 배우고 있는 훌륭한 스승이시다.

우리가 사회생활에서 때때로 외로움을 느낄 때가 많다. 누군가와 만나 커피 한잔하면서 대화를 나누고 싶고, 누군가와 밤을 새면서 끝장토론을 하고 싶을 때가 있는 것이다. 어디로 가야 할지를 모르고, 무엇을 잡아야 할지 모르는 막막한 상황을 맞이할 때는 이러한 마음이 더더욱 진해진다. 또한 우리가 살아가는 데 있어 지식과 지혜의 이치를 깨닫게 하고, 인생에서 진실의 참뜻을 실천하는 데 있어 등불이 되어줄 영원한 스승을 만나고 싶어 한다.

우리에게 진정한 친구이고 선배이며 인생의 좋은 스승이 되는 분이 우리 인생의 귀인(貴人)인 것이다. 주변에 그런 분이 있어야 성공하는 데 도움이 된다.

하지만 그런 귀인은 나 자신을 위해 항상 대기하고 있지 않다. 자신이 끊임없이 노력하고 인내하며 인생을 잘 이끌어가는 사람에게 좋은 사람들이 자연스럽게 나타나는 것이다.

05

오너 리스크(OWNER RISK)

갑질이 만연한 사회

2014년 12월 8일, 한국의 매스컴에 떠들썩한 사건이 있었다. 이른바 대한항공의 땅콩회항사건이다. 대한항공 회장의 장녀인 부사장이 기내 1등석에서 땅콩 제공 서비스를 문제 삼아 이륙을 위해 활주로로 이동 중이던 항공기를 되돌려 사무장을 비행기에서 내리게 하면서 국내외적으로 큰 논란을 일으킨 사건이다. 이 일로 인하여 당시 같은 비행기에 탑승했던 250여 명의 승객들은 출발이 20분가량 연착되는 불편을 겪었다.

이것은 한국의 여러 언론을 통해 공개되면서 '땅콩리턴', '재벌가 갑질' 논란을 촉발시켰다. 얼마 안 가 또다시 '물벼락사건'과 '갑질 동영상' 등이 언론에 공개되면서 그 파장은 일파만파 커지게 되었다.

이것은 한국 내 언론뿐만 아니라, 미국 일간 뉴욕타임스(NYT)에서도 집

중 보도되어 한국에서 '재벌'(Chaebol)', '갑질'(Gapjil)이라는 단어가 일순간에 전 세계에 보도되는 수치스런 사건이자 한국 사회의 뿌리 깊은 갑질 문화에 대해 전반적으로 생각해보는 계기가 되었다.

재벌가의 소유계층 즉, 오너(owner)들이 타인들에게 모범을 보이기보다는 사회적 지탄을 받는 행동을 하여 많은 사람들에게 공분을 사는 일이 종종 일어나고 있다. 이렇게 기업의 창업주나 경영권을 행사하는 오너의 독단 경영, 경영비리, 도덕적 해이 등으로 사회적으로 지탄의 대상이 되고, 기업 경영활동에 부정적인 영향을 주는 것을 오너 리스크(owner risk)라고 부른다.

청년들이 사랑할 수 있는 사회

물론, 모든 재벌기업이 다 그런 것은 아니다. 사회적으로 모범이 되고 진정한 기업가 정신으로 회사경영에 앞장서는 오너들도 많은 것이 사실이다. 하지만 한국을 대표하는 유명 대기업의 오너 일가가 부도덕한 경영, 2세간의 경영권 분쟁, 3세, 4세들이 마약사범으로 구속되는 등 세상을 떠들썩하게 만든 사건이 자주 일어나는 것도 사실이다.

〈월스트리트 저널〉은 한국 거대 재벌기업 40곳 가운데 18개 기업에서 경영권 승계 분쟁이 발생했다고 분석했다. 돈과 권력 앞에는 부모도 형제도 친인척도 없다는 인간의 후안무치한 면을 보여주는 것이다.

　청년들은 이러한 재벌기업에 취업하기 위해서 필요한 각종 스펙을 쌓고 인성 및 적성시험, 치열한 면접 과정 등을 여러 단계 입사시험과정을 거치고 어렵게 입사하게 된다. 하지만 그토록 어려운 시험을 통과하여 입사한 신입사원이 오너들의 부도덕한 회사 경영과 오너 가족 간의 진흙탕 싸움을 볼 때 과연 회사에 대한 애사심이 생겨날까? 자기 자녀가 어려운 취업의 관문을 통과한 회사에서 오너 일가가 경영권 싸움을 하는 모습이나 재벌 2세, 3세들이 사회적으로 물의를 일으키고 매스컴에 나타나는 모습을 지켜보는 부모의 마음은 참으로 참담할 뿐이다.

　한국의 오너 경영은 장기적인 안목에 의한 투자 결정, 신속한 의사 결정, 과감한 투자 등 기업 경영에 있어 장점이 많다. 긍정적인 면이 많은 것이 사실이다. 하지만 일부 재벌 기업에서 창업 세대의 특유한 도전정신과 인내심은 사라지고 지금의 현실에 안주하거나 현상 유지에 관심을 갖는 경우도 많다. 또한 단순히 오너 일가라는 명분으로 능력을 검증받지도 않고 낙하산 인사를 하거나 재벌 2~3세들의 돌출 행동을 보면 사회적으로 반기업 정서를 가져오게 된다.

　한국 사회에서 젊은이들에게 꿈과 희망을 심어주었던 어느 벤처기업인이 정치 세계로 나가서 나락으로 떨어지는 모습을 볼 때 안타까운 생각이 많이 든다. 물론 기업인이 정치를 하지 말라는 뜻은 아니지만, 각자 자신이 특성을 잘 발휘할 수 있는 부문에서 최선을 다하는 모습에서는 아쉽다.

한국의 기업은 창업 후 100년, 200년. 그 이상 가는 기업으로 경쟁력을 가져야 한다. 그러기 위해서는 진정한 기업 가치관, 기업 지배구조, 경영 승계, 기업 문화 등 기업으로서 덕목과 모범이 되는 근본적인 준비가 되어야 할 것이다.

청년이 살아야 나라가 산다

06

취업난 vs 채용난

청년의 취업이 이토록 어려운 이유

젊은 청년들이 최악의 취업난으로 1998년 IMF 금융 위기 이후에 가장 고통을 받고 있다고 연일 보도되고 있다. 한국의 청년실업률은 2008년 7.1%였지만 2018년에는 9.5%로 OECD 평균을 넘었다. 또한, 청년실업 문제를 해소하기 위해 각종 국가 정책과 예산을 세우고 이에 대한 엄청난 돈을 쏟아내고 있기도 하다. 하지만 많은 정책과 투자에 대한 기대는 크지만 현실은 그러지 못한 것 같다.

지금 한국의 청년들의 최대 관심은 취업이다. 대학을 졸업 후 취업이 안 되면 그 어떤 청춘의 낭만 같은 것은 사치스러운 일이라고 생각하고 있는 것이 현실이 돼버렸다.

그렇다면, 청년들의 취업이 왜 그렇게 어려운 것일까? 절대적인 일자리 파이(pie)가 적어진 것일까? 아니면, 청년들의 눈높이가 높아 입맛에 맞는 일자리만 찾는 것이 원인일까? 두 가지가 뒤엉켜 풀기 어려운 실타래가 우리 앞에 놓여 있는 것이 현실이다.

어느 취준생(취업준비생)이 도서관에 홀로 앉아 빈 종이에 낙서하고 있다. 그의 머릿속은 복잡하기만 하다.

인턴부터 해야 할지.

인턴 할 곳은 있는지.

시간이 걸려도 대기업공채로 취직하는 것이 어떨지.

스펙은 있어야 하는지 필요 없다는 얘기도 들리는데 그게 맞는 건지.

지금 이런 고민을 하는 것이 맞는 건지.

졸업을 늦추고 취업 준비하는 것이 맞는 건지. 나이는 들어가는데...

몇몇 취준생은 지금의 고민을 털어놓는다.

"주변에서는 눈높이를 낮추어 중소기업에라도 취직하라고 하는데… 중소기업 몇 군데 면접 보니 신입보다는 경력사원을 원한다고 해요. 어디든 뽑아만 주면 열심히 하겠다는 생각밖에 없습니다." – 취준생 A

청년이 살아야 나라가 산다

"대기업 취업은 흔히들 '낙타가 바늘구멍 통과하기'라고 하더라고요. 저는 지방대학을 나왔고, 전공도 인문계열입니다. 솔직히 저의 스펙으로는 서류 통과하기는 어렵다는 것을 알고 있습니다. 낙타가 바늘구멍에 못 들어간다면 저는 바늘 옆에 구멍을 만들어서 통과하는 전략을 세웠습니다. 저는 중소기업에서 경력을 쌓아서 대기업에 이동하는 것으로 생각하고 있습니다." – 취준생 B

"국내 경기가 안 좋고 국제경쟁력이 떨어져서 매년 기업에서 발표하는 채용정보는 매년 줄인다는 얘기만 나옵니다. 매스컴에서는 지난해보다 채용 규모를 줄이거나 뽑지 않기로 결정했다는 뉴스입니다. 연봉조건이나 복지가 좋은 대기업은 앞으로 더 좁아질 것 같습니다." – 취준생 C

"저는 서울에 있는 대학을 다녔고 웬만한 스펙은 갖추었다고 생각합니다. 토익 800점 중후반, HSK 6급, 해외연수, 해외 인턴십을 다 했고요. 대기업에 40군데 이력서를 넣었고 서류 통과 연락이 온 곳이 겨우 두 군데입니다. 사실, 두 군데는 저의 전공과 별로 연관성은 없었지만 면접을 보기로 했지요. 그중 한 곳은 떨어졌고, 한군데는 최종까지 갔는데 결국 안 되었습니다." – 취준생 D

참으로 어려운 현실적인 상황을 보여주고 있다.

요즘 취준생들의 아버지들이 몇몇이 모이면 청년들의 취업난에 얘기가 단골 메뉴로 올라온다. 아버지들은 요즘 젊은 세대들이 중소기업을 기피하는 현상에 대해 한심하게 생각하기도 한다. 하지만 정작 자기 자녀들은 대기업, 공무원이 되길 바라는 이중적인 마음을 갖고 있는 경우가 많다. 특히나 누구보다도 많이 배웠고 한국 사회에서 엘리트층을 형성하는 기득권층 아버지 모임이라면 더욱더 그런 것 같다.

어떻게 해서든지 좋은 대학을 나와야 성공할 수 있다는 생각은 우리 사회에 깊게 깔려 있어 쉽게 없어지지 않을 분위기이다. 그래서 한국의 부모들은 없는 가정 살림에도 자식을 대학에 보내야 하고, 외국어가 유창해야 하기에 외국유학이나 연수를 보내며 기러기 아빠의 고통도 감내해야 한다고 생각한다.

현재 기업들이 사람을 못 뽑는 이유
또 한편, 기업에서는 인재 채용난에 시달리고 있다. 이해하기 어려운 현실이지만 이것이 바로 우리의 모습이다.

구인구직 플랫폼 사람인은 300개 기업을 대상으로 '2019년 채용 현황'을 조사했다. 그 결과 2019년 채용을 진행한 275개 기업 중에서 절반이 넘는 50.9%가 '계획한 만큼 인원을 채용하지 못했다.'라고 응답했다.

청년이 살아야 나라가 산다

이유로는 '적합한 인재가 없어서'(63.6%, 복수응답)를 첫 번째로 꼽았다. 그러나 회사 규모가 작아서, 인지도가 낮아서, 연봉이 낮아서 등 이런저런 이유로 지원자가 기피하기도 한다. 대기업과 중소기업 간의 임금, 근무환경 등 현실적인 조건이 양극화되어 있다. 다수의 청년들이 중소기업은 장래가 없어 보이고, 낮은 연봉으로 고물가 사회에서 살아가기 어려울 것이라고 판단하고 있다. 위 설문에서 채용 실패의 이유로 '지원자가 너무 적어서'(42.1%), '합격자가 입사를 포기해서'(17.9%), '입사자가 조기 퇴사해서'(15.7%) 등을 들기도 했다.

한편, 기업에서 신입사원을 뽑은 뒤 애써 가르치면 그만둬 손실이 많은 현상이 빈번하게 일어난다. 그러니 기업에서도 가능하면 신입사원으로 1~2년 정도 실무 근무한 경력을 갖고 있는 '경력신입사원(old rookie)'을 선호하게 된다.

사람인에서는 기업 인사 담당자 460명을 대상으로 올드루키에 대한 설문을 실시했다. 설문 결과, 65.2%는 올드루키 지원자를 선호한다고 응답했다. 첫 번째 이유는 '바로 실무에 투입할 수 있어서'(79.3%, 복수응답)였다. 신입사원을 가르쳐 나가는 것보다 이편이 훨씬 좋다는 것이다. 이러한 분위기에 맞추어 취준생들도 취직 시 경력 1~2년을 쌓고 다른 기업에 또다시 신입사원으로 지원하겠다고 마음먹는 기현상을 낳고 있다. 그래서 일부 취준생은 상대적으로 문턱이 낮은 기업에서 일단 경력을 쌓고 자신이 원하는 기업으로 옮겨가는 것을 목표로 삼기도 한다.

이렇게 대학을 나온 청년들이 평생 다닐 첫 직장을 구하기 어렵다. 처음부터 좋은 일자리를 찾으면 준비하는 시간은 길어지게 된다. 결국 인생 여정에서 자립 시기가 늦어지게 된다. 그것은 자녀의 독립을 바라는 부모에게 큰 부담이 되고 있다.

워라밸(work & life balance)이란 말이 유행하고 있다. 균형 잡힌 일과 개인적인 삶의 균형을 찾고 싶어 한다. 최근 취업포털 잡코리아가 밀레니얼 세대 직장인 507명을 대상으로 '좋은 직장의 조건'에 대한 조사를 실시했다. 49.9%를 차지한 1위의 조건은 바로 '워라밸 보장(49.9%)'이었다. 어쩌면 당연한 심리적 욕구이고, 이제는 삶의 질을 생각해야 할 때가 온 것이다.

앞으로도 취업난과 채용난의 일자리 미스매치 현상은 언제 끝날지 모르겠다. 그러나 개인들에게 적성을 발견하고 꿈을 키워나갈 수 있는 직업을 찾아가는 것이 무엇보다 중요한 것은 변하지 않는다. 급한 마음에 직장을 구하게 되면 얼마 못 가 자신과 맞지 않다는 것을 알게 되어 이렇다 할 경험과 실력을 쌓지 못하고 이직을 하게 될 수 있다. 그러나 자신

청년이 살아야 나라가 산다

이 가고 싶은 분야를 알고 꾸준히 도전하는 사람에게는 기회는 온다. 세상일에서도 쉽게 만나는 사람은 쉽게 헤어지기 마련이지 않은가. 이는 기업도 마찬가지다. 기업에서도 적합한 인원을 찾는 것도 중요하지만, 선발된 인원을 전문 인재로 양성하는 장기적인 안목에서 인재 육성 정책을 가져야 할 것이다.

07

캥거루 가족 이야기

정말 자식 농사를 못 지었기 때문일까?

이 세상에 가장 큰 농사는 '자식 농사'라고 한다. 그만큼 자식 키우기가 무엇보다도 어렵다는 것이다. 자식이 사회적으로 자리 잡고 나름 성공적인 모습으로 살아간다면 부모 입장에서는 그 어느 것과 바꿀 수 없는 보람이 된다. 또 한편으로는, 장성한 자식들이 제대로 자리를 못 잡고 살아가는 모습을 지켜보는 부모는 참으로 안타깝고 가슴 아픈 일이다.

최근 많은 한국 가정에서 큰 고민거리는 대학을 나온 자식이 취업을 못해 자리를 못 잡는 상황이다. 이렇게 취업을 하지 못하고 계속 부모에게 경제적으로 기대어 사는 청년들을 '캥거루족'이라고 한다. 자식 입장에서는 나이는 먹어 가는데 취업에 실패하니 자신감은 날로 떨어지고, 이렇게 풀죽은 모습으로 지내는 자신이 한심하다는 생각이 들기도 한다.

이렇게 취업을 수차례 시도하다가 결국 취업을 포기한 청년을 일컫는 니트족이라고 부른다.

〈연합뉴스〉의 기사에서 통계청에 따르면 중장년층 가구의 59.2%는 자녀와 같이 살고 있다. 같이 사는 19세 이상 자녀 513만9천 명 중 미취업자의 비율은 46.4%로, 약 238만 명이다(2019년 10월 기준). 또한 중장년층 부모와 함께 사는 30세 이상 자녀 106만7천 명 중 '캥거루족' 미취업자의 비율은 33.8%로 약 36만 명이었다. 니트족의 경우 그 숫자가 한국의 경우 경제개발협력기구(OECD)평균에 무려 2배에 육박하고 있다.

대학을 졸업하고서도 특별한 일을 하지 않고 경제적으로 독립을 못한 채 부모 집에서 얹혀 사는 자식과 함께 살아가는 부모는 정작 자신의 노후를 생각할 틈도 없이 경제적인 부담에 이중고를 겪게 된다. 또한 사회적으로도 국가 부양부담, 국가경쟁력 저하로 이어지게 된다.

한편 취업의 관문을 못 뚫고 거듭되는 좌절을 겪으면서 혼자 몰래 숨어 사는 청년들도 있다. 독존청년들이다. 그들은 어느덧 나이가 들어서 사회적으로 경쟁력을 잃어가고, 혼자 골방에서 이런저런 생각만 하며 하루를 보내는 풀죽은 청년이 되어버린다.

또 하나가 자녀들의 결혼문제이다. 결혼 적령기에 접어든 자식이 좋은 짝을 만나 결혼해서 잘 살아가길 바라는 것이 부모들의 공통된 마음이다.

그러나 현실적인 면에서 부모는 자식을 결혼시키려면 결혼 자금이 필요하게 된다. 자식도 결혼을 하게 될 때 직장에서 급여가 얼마이고 결혼 후 어떻게 생활할지가 고민할 수밖에 없다. 이런 것이 서로 잘 맞지 않을 때는 결혼을 하고 싶어도 주저할 수밖에 없다.

이렇게 한 해 두 해가 지나다 보면 어느덧 나이를 먹고, 어쩔 수 없이 부모와 같이 살아야 하는 신세가 되기 쉽다.

"첫 직장으로 광고기획사에 취업했어요. 하지만 지방대학을 나온 저로서는 남들이 얘기하는 대기업에 갈 수가 없었지요. 회사 규모가 작다 보니 항상 밤늦게까지 일을 하는 게 일상이고 때로는 월급도 제 때에 안 나오기도 했고… 그래서 첫 직장을 2년 만에 그만두고 알바로 일을 해왔습니다. 그러다 보니 벌써 5년이 되었네요. 이제는 특별한 경력이 없으니 다른데 취업하기도 어려운 것 같고… 막막합니다.ㅠㅠ 부모님께 매번 용돈 달라고 할 수도 없고요.ㅠ" - 캥거루 청년 A

"대학 졸업 후 곧바로 공무원 시험준비를 했어요. 계속 떨어졌고… 지금은 노량진 고시원에 와 있습니다. 벌써 이곳에 온 지가 4년이 되어갑

청년이 살아야 나라가 산다

니다. 시험에 떨어지는 것도 두렵고… 앞으로 어떻게 갈지 막막합니다. 그렇다고 당장 그만두고 다른 곳에 가서 일하는 것도 억울해요. 그동안 해온 것이 너무 아깝고… 부모님께 너무 죄송하고요." – 캥거루 청년 B

"대학에서 학점도 좋았고. 각종 자격증 스펙도 잘 갖추었다고 생각합니다. 하지만 취업의 벽은 생각보다 너무 높았습니다. 그래서 방향을 바꾸어 대학원에 진학하기로 했어요. 어느덧 대학원을 졸업하는 시기가 닥쳤는데… 취업 걱정이 더 되네요… 기업에서 저와 같은 고학력자를 원하지 않는다고 해요. 참으로 걱정입니다.ㅠㅠ 대학원까지 뒷바라지한 부모님께 미안하고요. 그래서 집에 있기가 눈치 보여서 매일 동네도서관에 나와 있습니다." – 캥거루 청년 C

"대학 나와 직장생활을 3년 했어요. 하지만 제가 꿈꾸었던 직장 세계와 너무 달랐고 더 이상 희망이 없어 보였습니다. 한국을 떠나 해외 나가서 저만의 세계를 만들고 싶어서 세계 각국 이곳저곳 다녀보았습니다. 이렇게 한해 한해 지나다 보니 어느덧 나이를 많이 먹었어요. 벌어놓은 돈도 없고 부모님 가정형편도 넉넉지 못해 결혼은 꿈도 못 꿉니다. 연로하신 부모님과 매일 얼굴 마주치다 보니 면목도 없고 해서 동네 편의점 알바 다니고 있습니다." – 캥거루 청년 D

우리는 냉철히 생각해보아야 한다. 할 일을 못 찾고 방황하는 청년들이 구원의 손짓을 보내는데도 우리 사회가 또는, 기성세대가 애써 못 본 체하고 있는 것은 아닌가? 그저 너희들 문제이니 알아서 하라고 냉소를 던지고 있는 것은 아닌가?

현재의 문제는 청년들만의 문제가 아니다

한국이 자녀교육열은 세계 최고 수준이다. 한국에서 아이를 낳게 되면 앞으로 어떻게 교육을 시킬 것인가를 우선적으로 생각한다. 많은 부모들은 자기 아이가 공부 잘하여 명문대학에 입학하고, 좋은 직장을 갖기를 바란다. 이런 자식 교육 열풍이 심하다 보니, 개인 교습 등 사교육이 가장 활발한 나라가 한국이다.

한국에서는 안타깝게도 공교육만으로는 원하는 대학을 가기가 어렵게 된 지 오래다. 결국 극심한 사교육 비중은 소득계층 간의 격차가 더욱 벌어지게 하는 주된 원인이 되고 있다.

부모들에게는 과중한 비용부담으로 늘어가 부모 자신의 노후 준비가 부실해지거나 경제적인 부담증가로 가정 행복을 무너뜨리는 원인이 되고 있는 것이다.

이렇게 수많은 재원을 쏟아붓고 대학을 들어간다고 끝이 아니라 그다음은 취업이 문제가 되고 있다. 그것은 우리 사회적으로 고착된 대학 서

열구조에서 상대적으로 저평가되는 대학을 나온 사람들의 취업을 더욱 어렵게 만들고 있다.

> **대학 졸업 → 취준생 → 몇 차례 취업실패 → 무작정 취업 →**
>
> **조기 퇴사 → 재취업 → 퇴사 → 재취업 준비**

자녀들이 제대로 자리를 못 잡고 악순환을 계속하다 보니 자신도 모르게 나락으로 떨어지게 된다. 이것은 나중에 그들의 자녀들은 학력 대물림, 재산 대물림 현상으로 이어져 연속된 하류 인생이 되게 된다.

부모 입장에서는 자식이 장성한 후 취업이나 결혼문제에서 스스로 자립을 못하고 있는 현실을 접하게 되면 답답하기만 하다. 그렇게 힘들게 교육을 시켰는데 대학을 졸업한 후에도 오랜 기간 부모에 얹혀서 사는 것은 개인적으로나 가정적으로 큰 고민거리가 된다.

Part 2

청년 다윗은 어떻게
골리앗을 이겼을까?

How did David beat Goliath?

01

불가능한 싸움에 덤벼들다

거인 골리앗과 어린 양치기 다윗

세계 역사상 가장 유명한 전투 중의 하나로 골리앗과 다윗의 싸움을 들 수 있을 것이다. 기독교 구약성서에 나오는 이야기이지만, 종교적인 의미를 떠나서 우리는 골리앗과 다윗 그리고 다윗의 아들인 솔로몬 왕을 모르는 사람은 거의 없다. 이스라엘의 양치기 목동 출신 다윗이 자신보다 어마어마하게 블레셋의 큰 거인 골리앗을 돌팔매질로 쓰러뜨리는 영웅적인 이야기는 지금에 와서도 인간승리 스토리로 활용되고 있다.

이야기가 전개되는 고대 팔레스타인 중심부에는 쉐펠라라고 불리는 구릉이 있다. 이 지역에서 유다산맥으로 이어지는 능선과 계곡은 이스라엘과 팔레스타인의 크고 작은 전투가 끊이지 않는 지역이다. 당시 블레셋 사람들은 크라타 섬 출신인데 팔레스타인 지역으로 이주해서 해안에 정착한 해양 민족이고 이스라엘은 산악지역에서 무리를 지어 살아가고 있었다.

하지만 이들은 영토를 차지하기 위해 자주 다툼이 벌어져 철천지원수 사이가 되어 지냈다. 블레셋 사람들의 목표는 베들레헴 근처의 능선을 확보하여 사울 왕이 거느리고 있는 이스라엘 민족을 둘로 쪼개 민족을 와해시키는 것이다.

블레셋 군대는 쉐펠라 남쪽 능선을 따라 진지를 구축했고 이스라엘 군대는 북쪽 능선을 따라 반대편에 진지를 만들었다. 즉 계곡을 사이에 두고 대치하는 형국이 되었다.

먼저 블레셋 측에서 도발했다.

"너희는 한 사람을 택해 내게로 내려보내라. 그가 나와 싸워 쓰러뜨리면 우리가 너희의 노예가 될 것이다. 그러나 만약 내가 그를 쓰러뜨리면 너희는 우리의 노예가 될 것이다!"

고대 시대의 전투는 지금과 같이 총이나 미사일이 있는 것이 아니라 각 진영에서 대표 선수가 나와 싸움을 하는 것이었다. 블레셋 대표 선수로 거인 골리앗이 있다는 소문이 파다하게 퍼져 있었고 사울 왕의 이스라엘은 그와 맞설 선수가 아무도 없었다. 2미터가 훨씬 넘는 거인 골리앗의 기세는 무시무시했고 청동으로 완전무장한 상태였다. 사울 왕뿐만 아니라 이스라엘 민족은 걱정이 앞을 가렸다. 이때 뒤에 서 있던 양치기 소년이 나섰다.

"제가 해보겠습니다!"

거인 골리앗은 청동으로 몸을 두르고 커다란 방패와 엄청난 무게감이 있는 창을 들고 옆구리에는 칼을 차고 있었다. 양치기 목동 어린 다윗은 가죽 투석기와 돌 5개가 전부였다. 상식적으로는 도저히 적수가 되지 않는 상대와 싸워보겠다고 나선 것이다.

"네가 싸울 수 있겠나?"
"할 수 있습니다. 해보겠습니다!"

사울왕은 다윗이 용기 충만한 모습에 감탄하면서도 과연 대적이 가능이나 할까 하는 의구심이 있었으나 특별한 대안이 없었다.

결전의 날이 다가왔다. 다윗은 아침 일찍 일어나 가죽 투석기와 돌을 챙겨 계곡으로 걸어 나갔다. 그 역시 가슴이 졸이고 두려움이 엄습해오는 것은 어쩔 수 없었다. 앞으로 나가는 다윗을 따라 많은 사람들이 뒤쫓아 걸어 나갔다. 다윗이 계곡에 이르자 이미 블레셋 사람들과 어마어마하게 큰 몸집을 갖고 있는 거인 골리앗이 버티고 있었다.

양쪽 진영에 긴장된 대치가 이루어지고, 언덕 위에서 뚜벅뚜벅 걸어 내려오는 골리앗과 다윗이 마주치자 서로 응시하면서 골리앗이 먼저 말을 꺼냈다.

"너는 오늘이 마지막이 될 것이다. 너희 민족은 지금부터 우리의 노예가 된다."

"…."

말없이 다가서는 다윗은 골리앗과 근접거리에 이르자 가죽 투석기 돌리기 시작했다. 좀 더 가까운 거리에서 골리앗의 투구와 미간 사이의 이마에 정확히 돌을 명중시켰다. 갑작스럽게 돌팔매에 이마를 맞은 골리앗은 뒤로 자빠지게 되자 다윗은 쏜살같이 뛰어가 골리앗이 옆구리에 차고 있는 칼을 빼서 그의 목을 단칼에 베어버렸다. 너무나 갑작스럽게 일이 일어나자 팔레스타인 사람들은 겁을 먹고 도망치기 시작했다.

이렇게 해서 싸움은 끝나게 된다. 이는 이스라엘 민족이 블레셋을 물리치고 자리를 잡아가는 계기가 되었다.

이후 다윗은 이스라엘의 제2대 왕위에 오르게 되고, 그의 아들은 우리

청년이 살아야 나라가 산다

에게 잘 알려진 솔로몬 왕으로 제3대에 오르게 된다.

3천 년 전에 있었던 전설적인 이야기이다. 이런 내용은 구체적이든 아니든 많은 사람들이 알고 있다. 지금도 골리앗과 다윗은 정치선거에서 강적을 만났을 때, 기업 간 경쟁에서 도저히 비교가 안 되는 적수를 만나서 당당히 싸워 이겼을 때 자주 회자되는 인간 승리 스토리가 되고 있다.

역전의 용사, 다윗

우리는 골리앗과 다윗의 싸움에서 몇 가지를 알 수 있다.

먼저, 다윗은 무엇보다도 두려움 속에서 맞서보겠다는 용기가 남달랐다. 그 용기는 자신만의 무기를 갖고 있는 자신감에서 나온 것이다. 자기만의 특별한 무기가 없는 상황에서 나서는 것은 진정한 용기가 아닌 하나의 만용에 불과했을 테지만 다윗은 그렇지 않았다.

다윗은 양치기 목동으로서 매일같이 늑대, 이리 등 짐승으로부터 양을 지켜야 했다. 그래서 그는 매일같이 돌팔매질로 늑대를 쫓는 연습을 했고 그 결과 돌팔매질 하나는 누구보다도 뛰어났다. 백발백중의 기술을 갖고 있었다.

또 하나는 다윗은 싸움의 상대인 골리앗의 약점을 잘 파악하고 있었

청년이 살아야 나라가 산다

다. 골리앗은 거인으로 흔히 거인들에게 복시증(複視症 : 물체가 겹쳐 보이는 증상)이 있다. 다윗은 그가 몸집이 작고 기민하게 움직이는 자신의 움직임을 잡는 데에 어려움을 겪을 것이라는 점을 알았다. 그래서 정면승부보다는 기습적인 측면공격을 하였으며 머리에 쓴 투구와 미간 사이의 이마가 노출된 것을 표적 삼아 돌팔매로 정확히 맞추어 쓰러뜨렸던 것이다.

1967년 아랍 연합국을 상대로 6일 전쟁 승리를 이끈 모세다얀(Moshe Dayan) 이스라엘 국방장관은 다윗을 이렇게 평가했다.

"골리앗과 싸운 다윗은 열세가 아니라 반대로 우세한 무기를 가지고 있었다. 그의 위대함은 자신보다 강한 상대와 싸우겠다고 나선 것에 있는 것이 아니라 장점을 잘 살리면 극대화 할 수 있는 무기의 활용법을 알고 있었던 것에 있다."

양치기 목동 출신 다윗이 오늘에 와서도 감동적인 인간승리의 표상(表象)으로 회자되는 것은 자신이 갖고 있는 약점을 강점으로 활용하여 자신만의 무기를 만들어 나선점이 다르기 때문이다.
신분상으로 하층민 출신 양치기 목동이 이스라엘을 이끄는 왕으로 올라서는 역전의 용사인 것이다.

02

호랑이 등에 올라타라

한계를 스스로 깨고 덤벼들어라

중국 속담에 '호랑이 등에 올라타라!'라는 말이 있다.

우리 민족에게는 친근하면서도 가장 무서워하는 동물 중의 하나가 호랑이일 것이다. 특히, 우리에게는 호랑이는 오래전부터 영물로 여기어서 수많은 전래 동화에 등장하거나 전통 민화에 자주 소재로 나온다. 뿐만 아니라, 1988년 올림픽에 마스코트로 등장하기도 했다.

'호랑이에게 물려가도 정신만 차리면 산다!'

아이가 울 때 '호랑이가 나타났다!' 하면 울음을 멈출 정도로 공포의 대상이 되기도 한다.

이런 호랑이 등에 올라타라는 것은 어떤 의미일까?

길 가다가 호랑이를 만나게 되면 어떤 사람들은 호랑이에게 물어 뜯겨 죽느니 호랑이 등에 올라탈 것이라고 한다. 만약 호랑이 등에서 떨어지면 곧바로 죽음이다. 하지만 이미 호랑이 등에 올라탄 이상 떨어지면 안 되는 것이다. 이것저것 생각할 겨를도 없다. 이제는 이것은 운명적으로 삶과 죽음의 기로에 다가선 것이다. 이제는 돌이킬 수 없다.

필자가 중국 상해에서 진행하는 '어학+산업체험 GLP(Global Leader Ship) 프로그램', '4차 산업 스타트업, 중국 산업 탐방프로그램', '학기제 어학+ 현장실습프로그램'에 한국의 여러 대학이 참가하고 있다. 매년 봄, 여름,

가을, 겨울 총 네 번 진행하는 것으로 각 프로그램 성격에 따라 4박 5일, 2주, 4주, 16주 등 다양하게 편성되어 있다.

이 같은 글로벌 청년 교육 프로그램을 어느덧 15년을 진행하게 되었다. 이렇게 교육 프로그램이 꾸준히 진행할 수 있었던 것은 글로벌 시대 상황에 부응하는 교육내용과 그런 기조를 진실 되게 유지한 덕분이라고 생각한다.

그동안 어려운 상황에서도 지지해주고 동참해준 한국의 대학 관계 분들과 프로그램 진행을 진실된 마음으로 함께 해준 직원들께 이 자리를 빌어 감사 말씀을 보낸다.

이 프로그램에 참가하는 학생들이 1학년부터 졸업을 앞둔 4학년까지 다양하게 구성된다. 그래서 나는 늘 대학생들을 만나고 그들의 꿈과 고뇌를 함께 공유하게 된다.

공교롭게도 프로그램에 참가하는 대학들이 서울 수도권보다는 지방에 분포되어 있는 경우가 많다. 참가하는 학생들과 얘기를 나누어보면 어딘가 모르게 눌려 있는 분위기를 마주하게 된다. 입시 성적에 맞추어 대학을 선택하는 한국의 현실에서 아무래도 명문대학에 입학한 학생들에게 뒤처져 있다는 생각을 갖고 있는 것이다. 조금만 도와주면 얼마든지 뛰어 오를 수가 있음에도, 고착된 한국의 학벌 세계에서 스스로 한계를 못 벗어나지 못하고 있어 마음이 아프다.

역전의 용사가 되라

나는 그들에게 조금이라도 도움이 될 수 있다면 돕고 싶은 마음이다. 학교에서의 우등생이 반드시 사회의 우등생이 된다는 보장은 없다. 학교 성적이 조금 뒤처졌다고 해도 사회에서는 얼마든지 앞서갈 수 있다. 그런 사례는 얼마든지 찾아볼 수 있다. 모든 것은 생각하기에 따라 결과가 달라질 수 있다. 얼마든지 역전의 용사가 나올 수 있는 것이다.

자신감은 자기가 갖고 있는 세상을 바라보는 시각에서 출발한다. 이 세상일이 된다고 생각하면 되는 쪽으로 풀리기 쉽다. 안 된다고 생각하면 안 되는 쪽으로 흐르기 때문이다.

우리들의 대안

- 내가 다른 곳(학교)에 있었다면…?
- 호랑이 등에 올라타라
- ~임에도 불구하고
- 생각을 바꾸면 세상이 보인다

많은 학생들을 만나 상담해보면 그들의 머릿속은 '내가 다른 곳에 있으면, 내가 다른 대학을 다녔으면 어떻게 되었을까?' 하는 복잡한 생각에 휩싸여 있는 경우가 많다. 그러다 보니 생각은 많고 현실은 불만스럽게 느껴지는 것이다. 그런 생각이 많을수록 자기 자신에 대해 뚜렷한 비전을 얘기 못 한다. 그들의 진로 취업상담을 해보면, 가장 많이 나오는 말이 있다.

"제가 지방대학을 나왔기 때문에….'

우선, 자신감이 없다. 풀 죽은 모습을 많이 보게 된다.

마음속에 뭔가 노력해도 잘 안 될 것 같은 스스로의 한계선을 갖고 있는 것이다. 우리 사회에서 '지방'이라는 단어가 주는 뉘앙스가 사람을 쳐지게 만들고 용기를 꺾는 단어로 비춰진다.

그래서 최근에는 지방대학을 '지역대학', '수도권 외 대학'으로 부르기도 한다. 이런 문제를 개선하고자 정부나 대기업에서는 면접 시 학교를 보지 않은 블라인드 면접을 공지한다. 그 만큼 고착되어 있는 학벌 사회를 개선해보겠다는 것이다.

하지만 기업 입장에서는 좀 더 우수한 인원을 뽑고자 하는 것이 기본적인 목표다. 그런 것이 작용하여 대기업일수록 결국은 신입 사원을 선발은 상위권 학교 출신이 대부분 차지하고 있는 것이 현실이다.

청년이 살아야 나라가 산다

그렇다면 상위권 그룹에 들어가지 못한 사람은 어떻게 되는 것인가?

여기서 주저앉고 포기해야 하는 것인가?

결코, 그렇지 않다. 상황은 이미 정해져 있는 것이며, 다른 대학으로 갈아타고 가기에는 시간적으로 낭비가 많다. 그렇다면 지금 현재 상황에서 어떻게 나갈 것인가가 중요하다. 처한 위치를 갈아타려고 노력하는 시간에 지금 내가 할 수 있는 일에 더 집중한다면 그것이 인생 역전의 기회를 만들 수 있다.

그것은 호랑이 등에 올라탄 것으로 비유된다.

호랑이 등에서 올라탄 이상 뛰어내리면 죽는다. 살아남을 방법을 생각해야 한다. 살아남을 궁리하게 되면 살아남을 방법이 나온다.

스스로 '~때문에' 안 된다는 생각보다는 '~임에도 불구하고' 생각하면 생각이 바뀌게 된다. '~때문에'는 더 이상 용기를 내지 못하게 하는 절망의 단어가 된다. 궁하면 통한다는 궁즉통(窮卽通)의 생각으로 궁리하고 방법을 찾아 나선다면 그에 대한 해법이 나올 수 있는 것이다.

공부를 못했기 때문에	vs	공부를 못했는데도 불구하고
지방대를 나왔기 때문에	vs	지방대를 나왔는데도 불구하고
가난하기 때문에	vs	가난함에도 불구하고
시간이 없기 때문에	vs	시간이 없는데도 불구하고

'～ 때문에'는 '～ 임에도 불구하고'로 얼마든지 대체되어 사용할 수 있다.

'생각을 바꾸면 세상이 보인다.'라는 말이 있다.

동일한 상황이라 할지라도 생각을 바꾸면 부정적인 생각에서 긍정적인 생각으로, 절망에서 희망으로 생각이 바뀐다.

안 된다고 생각하면 진짜 안 되는 것으로 나타난다.

할 수 있다고 생각하면 그것을 해낼 수 있는 새로운 아이디어를 찾게된다. 작은 생각의 변화가 인생을 바꾸는 엄청난 계기가 될 수 있고, 더 밝고 희망찬 세상은 볼 수 있는 것이다.

청년이 살아야 나라가 산다

03

정글의 법칙 : 굶주린 사자가 사냥 나간다

헝그리 정신?

2005년 스탠퍼드대학교 졸업식에 참가한 애플 창업자 스티브 잡스의 연설문이 세계적으로 널리 알려져 있다.

"Stay Hungry, Stay Foolish!"
갈망하라! 우직하라!

스티브 잡스가 남긴 말은 지금 이 시대에 우리에게 주는 의미가 매우 크다.

그러나 지금 한국의 많은 어른들이 요즘 젊은 세대를 보면서 속상한 얘기를 한다.

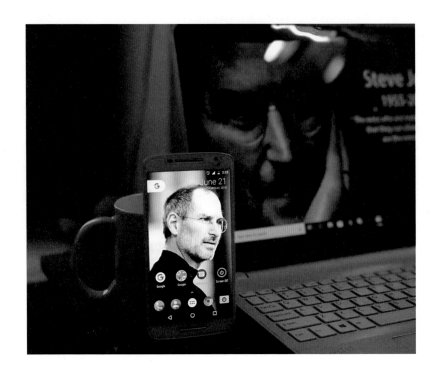

"젊은 사람들은 헝그리 정신이 없어요. 우리 때와 같지 않아요. 그러니 그 모양이지… 참….."

지금 청년들의 부모 세대인 어른들이 자랄 땐 많은 사람들이 제대로 배움도 없었고 학벌은 미천한 경우가 많았다. 그래도 그들은 열심히 살아왔고, 자식들에게는 배워야 사람 구실한다는 생각에 오로지 공부를 잘해야 한다고 자녀교육에 적극적으로 나섰다. 그런 결과, 그들의 자식 세대는 자신이 걸어온 것에 비하면 훨씬 많이 배웠고 경제적인 면에서도

청년이 살아야 나라가 산다

풍요롭게 생활하고 있는 것이다. 그런데, 대학을 나오고 장성한 자식들이 정작 살아가는 가는 모습은 아버지보다 못한 모습으로 살아가는 경우가 많다. 그래서 아버지들은 요즘 젊은 사람들이 헝그리 정신이 없어서 그렇다고 질책한다.

아버지 세대 자신들이 태어나 자랄 때는 대개가 많은 가족 형제가 대가족 한집에서 같이 살았다. 가정 형편에 따라 다르겠지만, 한방에서 온 가족이 함께 먹고 자는 생활 구조를 갖고 있었다.

하지만 지금 젊은 세대는 대부분 태어날 때부터 대가족 형제 가정이 아닌 두 형제 또는 외동으로 혼자 자라나는 경우가 많다. 또한, 집안에서 자기 방이 따로 있어 독립적 생활 공간 에서 살아온 경우가 많다.

아버지 세대에 비해 학벌도 좋고 좋은 환경에 자라난 자식 세대가 제대로 자리를 못 잡아가는 것을 보면 안타까운 생각이 든다. 아버지에게는 그들이 살아가는 모습에서 이를 악물고 세상을 살아가는 깡다구가 부족해 보이는 것이다. 부모들은 자녀들이 세상 밖으로 스스로 일어서 나가길 바란다. 하지만 앞으로 나가야 할 당사자들은 그럴만한 의욕이 적어 보인다. 그래서 바라보는 부모는 답답하기만 하다.

죽기를 각오한 도전과 응전

"말을 개천까지는 끌고 갈 수 있지만, 물은 말이 먹어야 한다."

우리가 그동안 학교에서 많은 선생님으로부터 들은 말이다.

앞으로 자신이 가는 길에서 있어서 선생님들이 안내는 할 수 있지만, 그것을 하고 안 하는 것은 본인들이 몫이라는 것이다. 이와는 반대로, 목마른 말은 개천까지 끌고 가면 그다음은 알아서 물을 찾아 나서는 것처럼 모든 것은 스스로 나서야 한다.

TV에 나오는 동물의 왕국이라는 프로그램을 보면 땡볕을 피해 나무 아래에서 꾸벅꾸벅 졸고 있는 사자 가족들이 있다. 사자들이 먹잇감으로 가장 좋아하는 얼룩말 한 마리가 그 옆으로 지나가고 있다. 사자에게는 매우 맛있고 영양이 풍부한 군침이 도는 먹잇감이다. 하지만 어찌된 일인지 눈이 반쯤 감긴 모습으로 꾸벅꾸벅 졸기만 한다. 앞으로 지나가도 반응조차도 안 하고 있는 사자 가족이다. 이미 배가 부르고 아무것도 생각이 나지 않는 것이다. 인간의 세계에서도 마찬가지이다. 동물이나 인간의 본능이 배부르면 사냥에 나가지 않은 것은 당연한 것이다. 누구나 어느 정도 부족함을 느끼고 갈망이 할 때 의욕이 생기기 마련이다. 자극을 받고 깨닫는 기회를 가져야 한다. 그것은 본인이 스스로 안 된다면, 외부로부터 자극을 주는 방법이다. 부모는 냉정해져야 하고 그것을 끝까지 견지할 수 있는 냉철함을 가져야 한다.

'도전과 응전'이라는 말이 있다. 세계적인 역사학자인 아놀드 토인비가 자신의 저서인『역사의 연구』에서 인류의 발전과정은 외부 환경으로부터 치열한 도전을 받아오고 그것에 대응을 하면서 인류의 문명이 발전해왔다고 말한다.

그는 자신의 이 같은 주장의 근거로 중국의 양자강 유역에 살고 있는 민족들과 황하 유역에 살고 있는 사람들을 비교했다. 양자강 유역에 살고 있는 사람들은 비교적 풍요로운 평온한 자연 환경 속에서 살고 있어 자연환경이 자신들에게 얼마나 감사한지 잘 모르고 살았다. 반면에, 황하 유역에서 살고 있는 사람들은 홍수로 강이 범람하는 등 척박한 환경에서 살아야 하는 관계로 끊임없이 자연과 싸워야 하는 고통스런 나날이 계속되었다.

외부로부터 도전이 강하면 강할수록 이에 대한 응전이 끊임없이 싸움이 지속되었다. 역설적이지만, 환경이 편할 때는 인류 문명이 발전되지 못하지만, 외부의 도전이 거셀수록 이를 극복하고 돌파하려는 새로운 에너지가 용출되어서 황하 유역에서 사는 사람들이 찬란한 문명을 만들어 왔다고 한다.

인간은 부족함에서 욕구가 생긴다. 풍요로움과 안락함에서는 애써 그 세계를 벗어나가고 싶지 않은 것이 인간의 기본 심리이다.

필자가 많은 학생들과 자신의 장래 희망과 진로상담을 해보면 자기 자신에 대해 명확히 표현하는 학생이 적어 보인다. 그것은 본인 스스로 자신감이 부족하기 때문이라는 생각이 든다. 또한, 마음은 괜히 급한데 무엇을 어떻게 해야 할지 잘 모르겠다고 말하는 경우가 많다. 대부분 머릿속과 마음속에서 자신감이 적게 형성되어 있는 경우가 많다.

자신감은 의욕으로부터 나온다. 무엇인가 해보겠다고 덤비는 욕구에서 자신감이 나온다. 스스로 자기도 모르는 마음 구석에 남겨져 있는 자신감 결여는 열등감으로 이어진다. 이것은 자신을 앞으로 과감하게 나가지 못하게 하는 요인이 된다. 스스로 박차고 나서야 한다는 생각은 있어도 혼자 머릿속에서 뱅뱅 돌리고 실행에 옮겨지지는 않는다. 생각은 많고 몸은 안 움직이니 경쟁세계에서 점차 뒤처질 수밖에 없다. 외부로부터 거센 도전을 받을 때 살아야겠다는 욕망의 에너지가 솟아오르는 것이다.

지금의 상태가 배부른 사자와 같은 상황인지 아니면, 끊임없이 먹잇감을 찾아 정글을 누비는 상황인지 냉정하게 생각해보아야 한다. 창의적인 아이디어, 불굴의 도전정신, 끝까지 버티는 근성은 배고픔, 갈증에서 나오는 것이다. 모든 것은 생각보다는 실행이 우선이 되어야 한다. 자신을 행동으로 나설 때 비로소 용기가 생기게 된다.

사즉생(死卽生)이라는 말이 있다.
죽기를 각오하면 살아날 수 있다는 것이다. 이 말은 이순신 장군의 기

청년이 살아야 나라가 산다

록 『난중일기』에서 찾아볼 수 있다. 명량대첩 전날, 이순신 장군은 휘하 장군과 병졸들을 불러다 이렇게 말하며 온 힘을 다해 싸울 것을 강조했다. 이러한 정신이 명량대첩에서 12척의 배로 133척의 적 함대를 쳐부술 수 있었던 원동력이 되었을 것이다.

자신이 처한 환경을 탓하기보다는 자신을 둘러싸고 있는 환경을 과감히 걷어버리는 용기가 필요하다. 그 용기는 남이 주는 것이 아니라 스스로 만들어야 한다.

치열한 정글 세계에서 살아남기 위해서는 긴장감을 늦추지 않고 늘 주변 상황을 경계해야 한다. 항상 눈과 귀는 열려 있어야 변화되는 상황을 감지할 수 있는 것이다. 사자가 먹잇감을 공격할 때 동료 사자들과 협동하여 사냥하듯이 우리는 어떤 상황을 만나 난관에 빠질 때 주변에 사람들과 함께 위기를 극복해야 한다. 그것은 혼자만 끙끙 앓기보다는 어려울 때는 어렵다고 말을 할 수 있는 용기를 가져야 한다.

본인이 적극적으로 나서는 사람에게 기회가 있고, 주변에서도 도움의 손길을 줄 수 있다. 스스로 살아갈 수 있는 자리를 만드는 사람만이 좋은 기회가 잡을 수 있다.

04

자식을 불행하게 만드는 법

넘어져도 스스로 일어나는 사람으로 키우는 교육이 필요하다

한적한 어느 공원에서 부모와 다섯 살쯤 되어 보이는 아이가 자전거를 타고 놀고 있다. 이 아이가 자전거를 타고 놀다가 가다가 공원에 있는 작은 웅덩이에 그만 풍덩 빠지고 마는 것이다.

이 광경을 지켜보는 부모가 갑자기 놀라서 어찌할 줄 모른다.

"어…… 안돼!"

웅덩이에 빠진 아이는 진흙탕에 뒤범벅된 채 울음보를 터뜨린다.

이런 동일한 상황을 맞이하였을 때, 두 부모가 있다면 대처방법이 다르다고 한다. 어떤 부모는 우는 아이에게 달려가 일으켜주고 진흙을 털

어준다. 자전거도 일으켜주고, 웅덩이에서 빠져나오도록 도와준다. 그러나 어떤 부모는 이렇게 말하고 뒤돌아 간다.

"조심하라고 했잖니? 너 스스로 빠져나오렴!"

이것은 유태인의 자녀 교육법에서 나오는 얘기이다.

전 세계에서 우수한 민족으로 손꼽는 유태인들은 특별한 자녀교육법을 갖고 있다. 스스로 문제를 해결하고 나가는 능력을 키워주는 것이 부모의 역할이라고 생각한다. 이들은 부모의 도움 없이 스스로 자립하는 능력을 키워주는 것이 자녀교육의 핵심이라고 생각한다.

사람이 살아가면서 예상치 못한 상황에 부딪칠 경우 어떻게 극복하느냐가 중요하다. 누구에게나 어려움이 처해서 곤경에 빠지는 경우는 허다하게 생기기 마련이다. 아이가 넘어졌을 때 달려가 일으켜주는 것보다는 넘어져도 스스로 일어나는 교육이 가정에서 학교에서 사회에서 필요하다.

지금 청년세대의 부모들은 본인이 자라나면서 대부분 경제적으로 어려운 여건 속에서 생활했던 세대이다. 하지만 지금의 청년세대는 부모세대가 어렸을 때와 비교하면 지금의 경제적인 환경은 결코 나쁘지 않은 것이다. 그럼에도 불구하고 자녀에 대한 부모의 마음은 늘 자식들이 가능하면 풍족하게 해주고 싶은 것이 부모의 마음이고, 인간의 본성일지도 모르겠다.

부모 자신은 못 먹고 못 입더라도 자식만은 잘 먹게 하고 잘 입히고 싶은 것이 기본적인 심정일 것이다.

한국의 가정에서 자녀들의 교육, 취업, 결혼 문제는 누구에게나 가장 큰 문제로 등장한다. 명절에 친척 등 온 가족이 모이면 공통적으로 '어느 대학을 들어갔느냐? 취업은 어떻게 되는가? 언제 결혼하는가?'가 화제로 등장하게 된다. 그래서 매년 명절을 앞두고 명절 때 듣기 싫은 말 순위를 각종 언론에 나오는 것을 보게 된다.

하지만 이것은 어쩔 수 없는 한국은 현실적인 문제가 되고 있는 것이다. 이런 어려운 사회 환경에서 스스로 헤쳐나가야 하는 자생력을 가져야 하는 것이 당면과제인 것이다. 최근들이 한국의 젊은이들이 너무 나약해지고 있고 스스로 문제 해결 능력이 부족하다는 얘기를 많이 나온다.

주변에서 이런 얘기를 자주 듣곤 한다.

취업을 못하는 자식이 간신히 취업한 곳이 대기업이 아닌 중소기업에 취업을 하게 되는 상황이다. 그동안 대기업에 수차례 지원했지만 번번이 실패하고 그나마 겨우 붙은 것이다.

청년이 살아야 나라가 산다

이 경우도 두 가지로 갈린다.

A 부모는, 중소기업에 가서도 업무적인 경험을 쌓아 전문가로 성장하라고 하는 부모가 있다.

B 부모는, 이런 상황을 동의하지 않는다.

우선, 부모가 영 맘에 들지 않는다. 대학을 나온 자식이 연봉이 적고 근무환경이 열악하다는 것이다.

"대학까지 보냈더니 그 월급 받으려고 힘들게 다녀야 하느냐?"

"다른 곳을 알아봐라. 좀 늦더라도 공무원 시험을 봐라."

어느 부모나 자기 자식이 잘되길 바라는 마음은 본능적인 바람일 것이다. 대부분 부모는 자기 자녀에 대한 성공의 희망 사다리를 만들어주고 싶다. 그러나 자식에 대한 지나친 사랑과 과욕은 오히려 불행을 가져올수 있다. 부모 자신의 욕망의 사다리를 설치하고 건너오길 바라는 것은 아닌가 되짚어볼 필요가 있다.

부모는 자기 자식을 냉정히 바라볼 안목을 가져야 한다. 이 세상을 성공적으로 살아가는 데 있어 정답은 없다지만 꾸준히 자신을 연마하고 자기만의 영역을 만들어간다면 인생 성공의 길이 달라진다.

좋아 보이는 조건이 불행이 될 수 있다

중국 송나라 학자 정이(程頤)는 사람이 태어나 살아가는데 인생의 불행으로 다음 세 가지를 들었다.

인생삼불행(人生三不幸)

1. **소년등과** (少年登科)

   : 어린 나이에 너무 빨리 성공하는 것이 불행이 될 수 있다.

2. **석부형세지세**(席父兄弟之勢)

   : 좋은 부모 형제를 만난 것이 오히려 불행해질 수 있다

3. **유고재능문장**(有高才能文章)

   : 뛰어난 재능을 타고나는 것이 오히려 불행해질 수 있다.

어쩌면 남들이 쉽게 갖지 못하는 좋은 조건이지만, 이것이 오히려 인생의 불행의 요소가 된다는 것을 경계하는 말이다.

지금 우리가 살고 있는 주변을 돌아보면, 부모를 잘 만나 출발은 남들보다도 쉽게 출발했지만 나중에 비참한 말년을 보내는 사람들을 많이 볼 수 있다. 자식을 불행하게 만드는 가장 확실한 방법은 자식에게 무엇이든지 언제나 손에 넣을 수 있도록 해주는 일이라고 한다.

청년이 살아야 나라가 산다

부모가 자식 사랑이 분별없이 넘쳐서 안 된다는 것이다. 어느 정도의 부족함과 궁핍의 경험이 필요하다. 그래야 세상살이에 대한 소중함과 고마움을 알고 더 단단한 사람으로 성장할 수 있는 것이다.

05

농구 황제 마이클 조던의 빛과 그림자

야구 선수 마이클 조던도 전설일까?

세계 스포츠계에서 전설적인 유명한 스타가 자주 탄생한다. 어떤 경우는 오랜 기간 팬들의 열광적인 인기를 누리기도 하고 어떤 경우는 한때 대단한 인기를 얻다가 어느 한순간에 소리도 없이 사라지기도 한다. 그중, 미국 NBA는 물론이고 전 세계 스포츠계에서 마이클 조던 만큼 인기를 누렸던 사람도 드물 것이다. 그가 1984년 LA올림픽 때 신었던 신발이 2억 원이 넘는 액수로 경매가 될 정도로 그 인기는 하늘을 찔렀다.

1963년생인 마이클 조던은 어려서부터 농구에 재능을 보였고 21살이 되던 해인 1984년 시카고 불스 팀에 입단한다. 입단과 동시에 그의 활약은 두드러져 1986년 플레이오프에서 보스턴 셀틱스를 맞이해 혼자 63점

을 기록하기도 했다. 그의 맹활약은 힘입어 시카고 불스는 1991년에 최초로 NBA 정상을 차지한다. 이후 불스는 1992년과 1993년까지 3년 연속으로 NBA 우승을 차지한다. 불스 입장에서는 창단 이래 이 같은 경우는 거의 불가사의한 일에 가까웠다.

　마이클 조던이 농구선수로서 최고의 인기를 누리는 시점에서 1993년 7월 아버지가 강도에게 피살된 사건으로 큰 충격을 받게 된다. 이 사건을 계기로 그는 돌연 농구계에서 은퇴를 선언한다. 누구도 예상하지 못했던 일이었다. 그의 갑작스런 은퇴 선언은 불스 구단을 물론이고 그를 아끼고 응원했던 팬들은 큰 충격적인 일이었다. 그리고 또 하나의 충격적인 사건은 조던이 갑자기 야구 선수가 되겠다고 선언한 것이다. 앞으로 남은 제2의 인생을 야구 선수로 활약하겠다면서 말이다. 조던은 원래 유년기에 농구와 야구를 두고 심각하게 진로를 고민했을 정도였고, 소질이 있었고 그의 아버지 역시 농구보다도 야구를 하면 어떠냐고 얘기하기도 했었다. 이렇게 조던은 돌연 농구가 아닌 야구 선수로 활동하게 된다. 시카고 화이트 삭스에 입단해 마이너리그에서 뛰기 시작했다.
　하지만 기대와는 달리 결과는 엉망이었다. 연이은 실수가 잦았고 이에 실망한 구단에서는 결국 '짐 싸!'라는 말이 나올 정도로 방출설이 쏟아 나오기 시작했다. 각종 언론은 연신 '농구 천재'가 '야구 둔재'로 몰락한 것을 재미있는 기삿거리로 조롱하기 바빴다.

106　　　　　　　　　　　　　　　청년이 살아야 나라가 산다

조던은 결국에는 야구에서 전혀 두각을 나타내지 못하고 초라한 모습으로 야구 선수 생활을 접고 그는 1995년에 다시 농구 코트로 돌아온다. 이후, 1996~98년 동안 불스의 3연속 NBA 우승이라는 또 다른 기록을 달성한다. 역시 그는 '야구 선수가 아닌 전설적인 농구선수'였다는 것을 보여준다.

자신이 빛날 수 있는 분야를 찾아라

한국에도 이와 비슷한 사례가 있다.

1979년부터 2010년까지 한국 남자 100미터 최고기록을 무려 31년간 보유했던 서말구 선수이다. 1955년생인 그는 대학 1학년 때 육상 국가대표로 선발되어 1979년 멕시코에서 열린 유니버시아드 대회에서 10초 34의 100미터 대한민국 기록을 세웠다. 30년 넘게 깨지지 않은 대 기록을 갖게 된 것이다.

이렇게 서말구 선수의 빠른 발은 육상뿐만 아니라 다른 스포츠 분야에서도 군침이 도는 매력적인 조건이었다. 그가 갖고 있는 폭발적인 빠른 주파 능력을 활용하여 야구선수단에 입단 제의를 받게 된다. 그는 1984년부터 1987년까지 롯데 자이언츠에서 활동하게 된다.

하지만 그의 빠른 발을 이용하여 대주자로 활용하려고 했던 롯데 자이언트 구단의 처음 생각과는 달리 단 한 차례도 경기에 나가지 못했다. 대주자는 아무리 빠른 속도를 가져도 투수의 움직임에서 빈틈을 찾아내고,

미세한 몸짓으로 야수들을 기만하며, 쏜살같이 달리다가 날아오는 공과 야수의 글러브를 피해 슬라이딩하며 정확한 지점에 멈추어서는 기술이 필요한 것이다.

서말구 선수의 빠른 발은 있었지만, 이 같은 대주자로서의 역량은 부족했던 것이다. 결국, 1984년부터 3년 동안 구단에서 코치로 일하면서 간간이 선수 명단에 이름을 올렸으나, 실제로는 한 경기에도 나서지 못하고 은퇴하게 된다.

농구는 손으로 하고 축구는 발로 하는 운동이다. 농구하다가 공을 발로 찬다든지 축구하다가 공을 손으로 잡게 되면 운동 규칙에 벗어나 패널티를 받게 된다. 농구나 핸드볼은 같은 둘 다 손으로 하는 운동이지만 경기 규칙과 기술은 판이하게 다르다. 그래서 운동 종목별로 각자 전문성이 요구되는 것이다. 운동선수가 갖고 있는 체력과 기민성 등 운동신경이 뛰어나더라도 운동 종목에 따라 특성이 다르고 필요한 기술의 차이가 크기 때문이다.

우리가 살아가는 사회에서도 이 같은 비슷한 사례는 주변에서 얼마든지 찾아볼 수 있는 것이다. 가령, 어떤 분야에서 뛰어난 두각을 나타냈던 사람이 자기 자신의 분야와는 전혀 다른 분야에 진출하여 자리를 잡고 성공하는 사람도 있지만, 생각과는 달리 전혀 그렇게 되지 못하는 경우가 많은 것이다.

청년이 살아야 나라가 산다

인생에서도 마찬가지라고 볼 수 있다. 각자 분야에서 전문성만이 자기를 지켜주고, 자신이 가고자 하는 인생의 가치를 높여줄 수 있는 것이다. 앞으로 세계는 더욱더 변화가 빠르고 물결은 거세질 것이다. 다른 사람과의 차별화를 통한 전문성을 갖는 것만이 앞으로 우리가 살아가는 시대에서 생존 경쟁력이 되는 것이다.

06

주인 인생 vs 노예 인생

새로운 길은 누구나 두렵다

1863년 1월 1일 미국 의회에서 노예해방이 선언되었다.

미국 역사상 가장 위대한 대통령으로 추앙받고 있는 재16대 링컨대통령은 피비린내 나는 남북전쟁을 거치면서 수많은 희생 속에서 북군의 승리로 남북전쟁은 끝났다. 그동안 흑인 노예를 소유했던 백인들로부터 풀려나는 계기가 되었고 흑인 노예들은 이제부터는 자유를 찾게 된 것이다. 스스로 어디가든지 자유를 마음껏 누리면서 살 수 있게 되었다. 미국의 남북전쟁은 단순히 흑인 노예해방을 넘어서 인류에게 자유와 평등 인권을 온 세상에 주창하는 중요한 역사적 사건이 되는 것이다.

아프리카에서 평화롭게 살던 흑인들이 동물사냥과 같은 노예 상인들에게 붙잡혀와 인간이 아닌 동물과 같은 존재로 남모르는 이국땅에서 비참한 생활을 하다가 생을 마치게 된다. 인류가 저지른 최악의 죄악 중에 하나가 되는 것이다. 그러던 흑인 노예들이 바꿀 수 없는 피부색으로 인하여 처참한 운명으로 가축 같은 삶을 살아온 그들에게 자유를 얻게 된 것이다. 누구나 어디서든 살 수 있고 노예 생활을 벗어날 수 있는 것이다. 이 노예 해방 선언은 많은 흑인 노예들이 억압과 처참한 생활에서 벗어나 해방이 되었다는 소식에 환호를 외치기도 했다.

하지만 의외의 상황이 목격되었다.

일부 흑인들은 자유를 찾아 나서기보다는 옛 주인 밑에서 이전과 그대로 살기를 희망하는 기현상이 벌어지기도 한 것이다. 이것은 전혀 예상치 않았던 상황이었다. 이런 흑인 노예들은 스스로 혼자 살아가기보다는 힘들고 가축 같은 취급을 받더라도 마음씨 좋은 백인 밑에서 차라리 노예로 사는 것이 더 좋다고 생각하는 것이다. 참으로 이해하기 어렵고 어처구니없는 일이 벌어진 것이다. 어떻게 얻는 자유인가.

인간이 아닌 동물같이 학대받으며 목숨을 바쳐 얻은 자유보다는 어렵더라도 백인 주인 밑에서 목숨을 부지하면서 살아가는 것이 더 좋다고 생각하는 노예들이 상당히 많았다는 얘기이다.

이렇듯 우리 인간도 그동안 살아왔던 익숙한 환경 속에서 살기를 좋아하고 새로운 세계에서 살아가는 것은 위험하고 두렵게 생각하고 있는 것이다. 우리는 노예 근성이라는 말을 때때로 사용한다. 이는 자기 스스로 살아가지 못하고 남에게 의지를 하면서 살아가는 사람을 빗대어 하는 말이다.

이같이 노예근성을 갖고 있는 사람은 자기가 살아왔던 세계를 스스로 벗어나 새로운 일에 도전하기보다는 그동안 살아온 환경에 순응하기를 더 좋아한다. 이미 몸속에 깊게 스며들어버린 노예 같은 생활 습성에 익숙한 것이다. 이들은 안정되고 편안한 곳에서 숨죽이고 살아가기를 더 좋아한다.

또한, 부모들이 자기 자녀들에게 지금의 사회가 험난한 정글의 세계와 같으니 정글에 나가보라고 하는 말을 하기도 한다. 하지만 진정 본인의 아이가 정글에 들어가서 생활하는 것을 원치 않은 것이 보통의 부모 심정일 것이다. 정글은 편한 곳이 아니고 위험에 도사리고 있어서 여차하면 맹수에 물려 죽을 수도 있고 독사에 물릴 수도 있다고 생각하기 때문이다.

서양에는 탐험가 직업이란 있다. 하지만 우리 한국에는 탐험가라는 직업은 없는 것 같다. 탐험가란 위험을 무릅쓰고 어떤 곳을 찾아가서 살펴보고 조사하는 일을 전문으로 하는 사람을 말한다. 어떤 탐험가라도 분명 두려움이 느끼기는 마찬가지일 것이다. 그러나 그들은 인간이 나서기

청년이 살아야 나라가 산다

어려운 두려움을 극복하는 것이 진정한 탐험가가 되는 것이다.

엄청난 괴력을 가진 골리앗과 맞서 싸운 다윗에게도 두려움을 돌파하는 용기가 있었다. '과연, 골리앗과 정면승부로 맞설 수 있을까?'라는 두려움이 있었을 것이다. 그러나 그것을 이겨내고 응전한 것이다.

주도적으로 삶을 이끌어라

'용의 꼬리가 되느니 닭의 머리가 되겠다.'라는 말을 비틀어서 '닭 머리가 되는 것보다는 용 꼬리가 되길 원한다.'라는 말을 하기도 한다. 든든한 용(龍) 등에 붙어서 평생 편하게 살아가는 방법이 더 좋다고 생각에서 그런 말이 나온 것 같다.

두려움을 극복하고 당당하게 나서기보다는 그것을 피하고 싶은 마음이 앞선 것이다. 그런 마음을 갖는 것을 이미 노예근성이 있다고 할 수 있다. 노예는 자기 스스로 살기보다는 주인의 명령을 받고 살아가는 사람이다. 이 세상에는 자기 주도로 인생을 살아가는 사람이 있는 반면에 다른 사람이 만들어준 틀 속에서 인생을 살아가는 사람이 있는 것이다.

우리가 인생의 주인으로 살 것인가. 아니면, 노예같이 남에게 이끌려가면서 살 것인가. 인생의 주인이 되기 위해서는 주어진 여건에 순응하기보다는 자기 자신을 뛰어넘는 도전이 필요하다. 새로운 일에 도전하기 위해서는 그에 따른 용기와 노력이 필요하다.

이 세상의 모든 것에는 공짜가 없는 것이다.

하나의 고급 명품 천연가죽 가방이 나오기에는 수많은 제조과정을 거쳐야 한다. 동물의 가죽인 원피를 수차례 찌고 벗기고 펴고 두들겨 가죽으로 만들어지는 과정을 거친다. 그리고 가방 디자인에 따라 자르고 꿰매는 과정을 거쳐 비로소 하나의 명품가방이 탄생하는 것이다. 그 가죽이 처음의 원피 상태로 가죽 상태로 있으면 그냥 동물 가죽에 불과한 것이다.

얼마 전 뉴스를 보았다. 한국의 대표적인 주방시스템가구 한샘에서 평사원으로 입사하여 공장장, 상무이사를 거쳐 25년째 최장수 전문 경영인으로 지낸 최양하 회장이 70세에 이르자 스스로 용퇴했다는 내용이다. 그가 입사할 당시 목공소 수준이었던 회사를 한국 최고의 주방시스템가구 전문 회사로 만들고 대기업으로 성장시킨 그는 평소 '주인과 머슴'론을 강조해왔다고 한다.

"회사에는 두 부류의 사람이 있다. 주인이냐, 머슴이냐. 주인으로 일하면 주인이 된다. 주인은 스스로 일하고 머슴은 누가 시켜야 일한다. 주인은 힘든 일도 즐겁게 일하고, 머슴은 즐거운 일도 힘들게 한다."

청년이 살아야 나라가 산다

수처작주 입처개진(隨處作主 立處皆眞)

수처작주 (隨處作主)

: 어디서나 주인이 되어라

입처개진 (立處皆眞)

: 어느 곳에서나 참되게 살라

어느 곳에서든 내가 주인이 되라는 것이다. 주어진 환경을 탓하지 말고, 그 환경을 주도적으로 바꾸고 모든 것에 바르게 살아야 한다는 의미이다. 주인으로 살아가는 사람은 자기 자신이 주도하여 세상을 이끈다. 스스로 주인이 되어 자기인생을 이끄는 사람은 자기의 꿈을 만들어갈 수 있다.

새롭게 만들어지는 길은 누구도 가보지 않은 길이다. 그것은 때로는 무모하게 보이고 어리석게 보이기도 한다. 하지만 새로운 길을 가거나 창조적인 일을 할 수 있는 것은 인간만이 갖는 최고의 가치이다. 무모해 보이더라도 때로는 도전하는 용기를 가진 사람이 진정한 청년이다. 그것은 청년이 누릴 수 있는 특권이면서 인생을 풍요롭고 살아갈 수 있는 비법이기도 하다.

07

걸림돌과 디딤돌

100%를 볼 것인가, 0%를 볼 것인가?

한국의 경제성장을 이끌어온 수출산업의 선봉이 되었던 무역종합상사에서 우화 같은 얘기가 회자되고 있다. 신발을 생산하여 수출하는 무역회사 신입사원 두 명을 아프리카에 보내 시장조사를 시켰다. 아프리카에 도착한 신입사원 눈에는 기막힌 일이 벌어졌다.

아프리카 사람들이 신발을 신지 않고 생활하는 것에 깜짝 놀랐다. 출장을 마치고 본사에 돌아와 출장보고서를 제출하였다.

A사원 : 모두가 맨발로 생활한다. 황금시장이다. 신발 수출 가능성 100%

B사원 : 모두가 맨발로 생활한다. 신발 수출 가능성 0%

이렇게 두 사람의 보고서 내용은 완전히 달랐다. 동일한 현실을 보았지만 상황을 정반대로 보고 있는 것이다. 같은 상황을 보고도 부정적인 시각을 가진 사람은 가능성 0%라고 보고, 반면 긍정적이고 도전적인 사람은 가능성 100%라고 본 것이다. 이렇듯 세상을 어떻게 바라보느냐에 따라 결과는 완전히 다르다.

12척의 배로 가능성을 본 이순신 장군

인생을 살아가는 데 있어서 모든 일이 순탄하게 돌아가지만은 않는다.

누구를 만나든 그동안 자기가 살아온 인생에 대해 얘기를 나누어보면 누구나 지금까지 오는 데 있어 모든 것이 술술 풀려서 왔다고 하는 사람은 거의 없다. 나름 자기 인생에서 성공적으로 살아왔다고 자부하는 사람이라든지 무일푼으로 창업하여 사업을 일군 사장님이라든지 어떤 조직에서 남들이 부러워할 정도로 어떤 직위에 오른 사람들을 누구를 붙들고 물어보라. 그냥 쉽게 살아온 사람이 어디 있는가?

우리가 살고 있는 인생은 롤러코스터에 비유되기도 한다. 우리가 걸어가는 인생길이 오르막과 내리막이 반복하는 상황을 맞게 된다는 것이다. 롤러코스터는 오르막으로 올라갈 때는 온 세상이 한눈에 들어오고 상쾌한 바람을 쏘이며 희열의 기분을 맛보다가 한순간 곤두박질치면서 지옥 같은 세계로 휩쓸려 내려가는 아찔함을 맛보기도 한다.

청년이 살아야 나라가 산다

그것이 우리의 인생길의 오르막과 내리막, 즉 업앤다운(Up and Down)의 연속이 되기도 한다. 역사 속에서 인생의 부침 속에서도 자신의 길을 꿋꿋하게 걸어갔던 사람들은 얼마든지 찾아볼 수 있다.

한국에서 많은 사람들이 역사의 인물에서 존경하는 사람을 꼽는다면 이순신 장군을 내세운다. 임진왜란이라는 국난 속에서 풍전등화에 처한 나라를 구한 영웅적인 모습은 세계사 속에서도 길이 빛나는 위업을 달성하였다.

33전 33승이라는 대 기록과 12척의 배로 133척의 물리친 것은 세계적으로도 빛나는 기록을 갖고 있다. 그가 갖고 있는 수많은 전승 기록들이 이미 그 자체만이라도 역사 속의 영웅인 것이다.

더욱이 이순신 장군이 우리에게 주는 인간적인 의미에서 추앙을 받고 있는 것이다. 외형적인 전쟁사보다 더 높게 평가받는 이유는 백의종군의 자세이기 때문이다.

1597년 이순신이 원균의 모함을 받아 옥에 갇히고, 모든 직위가 강등되고 백의종군하였다. 삼도수군통제사가 된 원균은 칠천량 해전에서 일본에게 대패하여 조선의 수군의 배는 대부분 파괴되어 잃게 되는 것이다. 상황이 이렇게 되자, 다급해진 선조임금은 이순신을 다시 수군통제사로 재임명한다.

　하지만 이순신이 다시 돌아왔다고 해서 모든 것이 해결되는 것은 아니었다. 수군통제사에 재임명된 이순신에게 남겨진 군사는 120명, 병선 12척이 고작이었다. 하지만 이순신은 포기하지 않았다.

"아직도 12척 배가 남아 있고, 신은 죽지 않았습니다."
尚有十二微臣不死

　이 같은 상소를 올리고 명량해전에 참전하게 된다. 133척과 12척의 싸움, 상식적으로 불가능한 싸움이다.

120　　　　　　　　　　　　　　　　　　청년이 살아야 나라가 산다

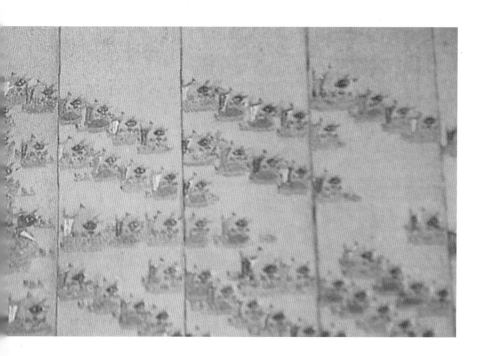

　이것은 골리앗과 다윗과의 싸움으로 비유될 수 있는 전투였다. 비교가 안 되는 전세 속에서 1597년 9월 16일 전라남도 진도와 육지 사이의 해협인 명량(울돌목)에서 일본 수군과 싸워 대승을 거두었다. 결국 일본은 명량 해전에서 대패를 계기로 급격히 세가 위축되었고, 일본군의 패퇴로 기나긴 임진왜란이 마치게 된다. 이 전투는 단순히 10배 넘는 전력 속에서 이겼다는 높은 평가 이외에도 상대적으로 약한 전력을 갖고 있는 이순신은 협수로(유리병의 목처럼 갑자기 좁아진 해로)를 이용한 유인하여 패퇴시킨 점에서 해전 역사에 길이 빛나는 전술로 기록되고 있다.

이순신은 늘 낙관적인 사람이었다.

이순신이 어명을 거역했다는 죄목으로 혹독한 고문을 받고 28일간 투옥되었다가 간신히 풀려난 1597년 4월 1일, 난중일기에는 이렇게 써 있다.

"맑음. 옥문을 나왔다."

그리고 그다음 날인 4월 2일에는 "필공을 불러 붓을 매게 했다."라고 적었다.

억울한 옥살이와 혹독한 고문을 마치고 나온 사람으로서는 너무나 달랐던 것이다. 분개, 원망, 체념보다는 자신에게 주어지는 사실을 그대로 받아들이고 과거보다는 오늘 그리고 내일을 준비하려는 자세가 우리에게 크나큰 감동과 교훈을 주는 것이다.

이순신은 늘 준비에 철저한 사람이었다.

전쟁에 임하기 전에 아군의 준비상황을 점검하고, 주변의 지형을 면밀히 살폈다. 전쟁이 시작될 때는 '적과 처음 부딪칠 때 어떤 기세로 대하느냐'가 전세를 좌우하게 된다. 처음부터 밀리면 전세를 회복하기가 어렵게 되는 경우가 많다. 그날을 위해 준비하고 또 준비하는 것이다. 이순신은 손자병법에 나오는 선승구전(先勝求戰) 정신을 신봉했다.

청년이 살아야 나라가 산다

걸림돌인지 디딤돌인지는 나의 판단이다

이것이 단지 이순신 장군에만 비유되는 것일까?

우리가 길을 걷다가 돌부리를 만나 부딪치면, 어떤 사람은 이 돌을 걸림돌이라고 말하는 반면에 어떤 사람들은 그것이 자신이 앞으로 나가는 데 디딤돌로 생각하는 사람이 있다.

자신에게 벌어진 난관과 장애를 걸림돌로 생각하여 불평과 불만으로 나날을 보낸 사람이 있다. 반면, 어떤 사람은 이것을 어떻게 극복할까 걸림돌이 아닌 자신의 디딤돌이 될 수 없을까하는 긍정적으로 바라보는 사람도 있다.

우리가 살아가는 인생의 길에서 수없이 마주치는 난관을 만나면, 불평과 원망으로 바라보는 사람이 있다. 하지만 오히려 그것을 발판으로 삼아 다시 일어서는 사람의 결과는 분명 다르게 나타난다.

앞으로 우리가 살아가는 데 무수히 걸림돌을 만나게 될 것이다. 관건은 우리 앞에 놓인 돌을 바라보는 우리의 마음 자세가 중요한 것이다. 나를 힘들게 하고 뒤처지게 했던 걸림돌도 생각을 바꾸면 내가 나가는 데 발판이 되는 디딤돌이 되는 것이다.

일상생활 속에서도 같은 상황에서 부정적으로 바라보면 더 힘들고, 긍정적으로 바라보면 생활의 기쁨과 행복이 올 수 있는 것이다.

역경(逆境)과 순경(順境)이라는 말이 있다. 우리가 살아가는 데 어려움을 겪는 역경의 반대는 순경이라고 한다. 순경이란 모든 일이 순조롭고 술술 풀리는 경지를 말한다. 하지만 이 세상 어느 것 하나도 모든 것이 순조로운 것이 어느 세상에 있겠는가.

사람의 진가는 어려움을 닥쳤을 때 이를 해결하고 상황을 반전시키는 것에 있다. 여름날 푸른 숲속에서 활엽수 나무와 침엽수 나무가 구별되지 않지만, 추운 겨울을 맞이하면 활엽수의 잎은 모두 떨어지고 침엽수 나무만 푸른색 잎을 간직하고 있는 것이다. 어려운 상황에서도 그 속을 헤쳐나가는 사람만이 그 사람의 진면목을 알 수 있는 것이다.

청년이 살아야 나라가 산다

Part 3

세상이
혼란스럽기만 한
청년들

01

뭘 해야 할지 모르겠어요

잘 할 수 있는 것, 단 하나

필자에게는 두 자녀가 있다. 큰아이는 아들이고 둘째는 딸아이다. 큰아이는 공부를 잘하는 모범생이라면 둘째인 딸아이는 학교 공부에 그다지 두각을 나타내지 못하고 항상 뒤편에 있었다. 그러다 보니 어려서부터 가족 안에서 보이지 않은 열등감에 있었던 것은 사실이다.

하지만 딸에게는 다른 것이 하나가 있었다. 어려서부터 변하지 않는 것은 오로지 미술을 하겠다는 것이다.

"앞으로 무엇을 하고 싶니?"

"미술이요!"

단 한마디로 잘라 말하곤 했었다. 그렇게 생각한 것이 유치원부터 대학까지 단 한 번도 변함이 없었다. 하지만 한국에서는 예체능 학과를 가는 학생들도 기본적으로 전과목 공부를 해야 대학을 갈 수 있다.

그런데 둘째 아이는 미술을 하고 싶어 하고 잘하지만, 일반과목은 성적이 좋지 못했다. 결국 첫 해 대학입시에 실패 후 재수하여 대학에 입학하게 되었다. 대학을 입학하고서도 1학년 때 들어야 하는 여러 교양과목 때문에 또다시 어려움을 겪었다. 하지만 전공과목만으로 편성되는 2학년부터는 달랐다. 이때부터는 전공과목이 중심이 되어서 학업성적이 급상승하여 전과목 A학점에 도달하게 되고 각종 대회에서도 입상하는 등 두각을 나타내기 시작했다.

지금은 대학을 졸업하고 유명 화장품회사 디자인부에 취업 되어 화장품 디자이너로 잘 다니고 있다. 다양한 화장품 디자인을 하다 보니 업무량도 많아 때로는 체력적으로 힘들고 과도한 업무 스트레스에 힘들 때도 있지만, 일을 즐겁게 하고 있는 것 같다.

나는 가끔 물어본다.

"너 지금 하는 일 어떠니?"
"저는 잘할 줄 아는 것이 이것밖에 없어요."

청년이 살아야 나라가 산다

나는 오히려 이런 답이 더 좋다는 생각이 불현듯 들었다. 사람이 특별한 특기 없이 되는 대로 일하는 것보다는 하나라도 제대로 하는 것이 있어 그것을 밀고 나가는 것이 이 사회를 살아가는 데 경쟁력이 있는 것이 아닐까?

대학에 들어간다고, 졸업한다고 끝이 아니다

지금의 젊은 세대가 고민하고 있는 것은 대학을 졸업하고 취업의 관문을 어떻게 통과하느냐가 최대 관심사이다. 그만큼 낙타가 바늘구멍을 뚫고 들어간다고 할 만큼 취업이 어려운 현실이기 때문이다. 상황이 이렇다 보니 취업 문제가 대학 졸업을 앞두고 부딪치는 문제가 아니다. 지금은 대학 입학하자마자 취업을 생각해야 하는 분위기 속으로 들어가고 있다.

한국의 중, 고등학교 교육은 대학 입시를 준비하는 과정으로 편성되어 있다고 해도 과언이 아니다. 그런 상황에서 오로지 대학을 가기 위해 공부를 했던 고등학생들이 대학에 입학하게 되면 어떤 생각을 하게 되는지 그들의 얘기를 들어본다.

대학생 A

"다른 친구들도 마찬가지로 고등학교에 입학하자마자 대학입시에 몰입하게 되었어요. 학교↔ 학원 ↔ 집을 왕복달리기 하듯이 생활을 계속했어요.

학교 선생님께서 자신의 꿈을 가져야 한다고 했지만, 그런 꿈을 생각하기보다는 대학수능성적, 내신 성적이 우선할 수밖에 없었어요."

대학생 B

"막상 성적으로 대학을 맞추고 성적에 맞는 전공을 몇 개 중에 하나를 선택하다 보니 저의 적성을 생각하지 않았어요. 대학을 들어가서 저의 전공도 저와 맞지 않아 고민했고 이렇게 대학을 나와도 취업이 쉽지 않겠다 하는 생각이 많이 들고 있어요."

대학생 C

"꿈을 생각할 만한 여유도 없고 특별히 떠오르는 것이 없어요. 공부를 열심히 해서 좋은 대학을 가면 모든 것이 풀릴 것 같은 생각만 가지고 공부했습니다. 솔직히 대학을 왜 가야하는지 어떤 전공을 해야 앞으로 인생이 밝아지는지 누구도 설명을 해주지 않았어요."

대학생 D

"한국에서는 어느 대학을 다니는 것이 그 사람을 바라보는 평가 기준이 되고 있어요. 그것이 싫어서 해외 유학길을 택했고, 처음부터 다시 출

청년이 살아야 나라가 산다

발한 것이 그나마 다행이었다고 생각합니다. 지금은 제가 하고 싶은 전공을 하고 꿈을 생각할 수 있어 좋다고 생각합니다.”

그동안 필자가 많은 학생들을 만나 얘기를 나누다 보면, 자기 자신의 진로에 대해 뚜렷한 목표와 방향에 대해 말하는 경우가 드물다는 것이다.

현실은 대학을 선택할 때도 대학 입시 성적에 따라 대학과 전공이 정해진다. 우선 붙고 보자는 생각으로 대학에 들어가는 경우가 많은 것이다. 일단 대학 들어가 보고, 그다음에 나중에 생각하자는 것이다.

그러다 보니 대학에 들어가서 적성에 맞지 않은 전공수업에 어쩔 수 없이 매달리는 학생들이 많은 것이다. 이렇게 자신과 잘 맞지 않은 공부를 하는 동안 어느덧 졸업 시기를 맞이하게 되는 것이다.

세상을 알고 나를 알고, 바뀌어야 한다

어느덧 우리에게 4차 산업혁명의 물결이 거세게 밀어닥치고 있다. 그동안 사람이 해왔던 일들을 인공지능(AI)이 대체하는 시대로 급속하게 바뀌고 있는 것이다. 그러나 지금의 4차 산업혁명 물결은 시작 단계에 불과하다. 앞으로 그 변화의 시간의 속도는 더욱 빨라지고 무섭게 다가올 것이다. 이것은 직업 세계의 지형을 바꾸고 있다. 산업 세계가 급속히 변하는 만큼 직업의 세계도 빠르게 변한다.

우리는 세상의 흐름을 간파하고 미리 준비해야 한다. 마치 탄도 미사일을 요격하여 맞추기 위해서는 미사일이 날아가는 방향과 속도를 예측을 해서 날아가는 미사일보다 앞으로 쏘아야 하는 것과 같다. 이른바 선도 각을 계산하여 쏴야 하는 것이다. 이와 마찬가지로 세상의 변화추세를 앞서서 간파하는 능력을 갖추어야 한다. 그러기 위해서는 스스로 세상의 흐름을 알고자 하는 노력과 도전이 필요하다.

오랫동안 한국에서는 전문직을 선망의 직업으로 삼았다. 그러나 이러한 사(士)자 시대도 지났다고 볼 수 있다. 변호사, 의사, 공인회계사, 변리사 등은 높은 연봉과 사회적 지위를 보장받았지만 그러한 시절은 이미 지난 얘기가 되는 것이다. 전문직 '자격증'보다는 전문적인 '경쟁력'을 갖추어야 하는 시대를 맞이하고 있다. 이제는 자기만의 세계를 만들 수 있는 특별한 무기를 가져야 살아갈 수 있는 것이다. 이렇듯 자격증으로 보장받았던 평생직장 시대는 지나갔고, 이제는 평생 직업을 가져야 하는 시기를 맞이하고 있다.

지금까지 세상을 살아온 기성세대도 바뀌지 않으면 안 된다. 앞으로 세상을 주도할 젊은 세대뿐만 아니라, 나이 든 사람들도 세상을 읽는 지혜가 필요하다. 나이 먹었다고 해서 새로운 변화에 대해 뒤처져서는 안 된다. 스스로 세상의 변화와 흐름을 간파하고, 앞서지는 못하더라도 최소한 뒤처지지 않으려는 노력을 해야 한다. 기성세대는 많은 인생 경험과 산업 지식을 갖고 있기에 장점도 많다. 이렇게 인생을 살아오면서 많은 경험에서 터득한 지혜를 후배들에게 알려주어야 진정한 선배가 아닐까?

02

누가 이들을 이렇게 만들었을까?

오리의 가르침

오리가 우리에게 주는 교훈적인 이야기가 있다. 그중 하나는, 우리에게 잘 알려진 안데르센 동화에서 나오는 '미운 오리 새끼' 이야기이다.

유난히 큰 알에서 태어난 새끼오리는 같이 태어난 오리 형제들에게 뭔가 다르게 생겼다는 이유로 따돌림을 받는다. 처음에는 어미 오리가 나서서 위로해주고 다독여주었지만 시간이 지남에 따라 어미 오리마저도 덩치 큰 오리 새끼가 사라져버렸으면 좋겠다는 생각을 하게 된다. 이에 상처받은 미운 오리 새끼는 집을 떠나 어느 마음씨 좋은 할머니 집에서 지내게 된다. 그런데 이곳에서는 고양이와 닭의 괴롭힘을 당하여 이곳에서도 제대로 살 수가 없어서 도망쳐 나온다. 춥고 외롭고 겨울을 지나고 봄을 맞이하여 어느 날 자신이 하늘을 날 수 있다는 사실을 알게 된다. 자신이 못생긴 오리인 줄 알았으나 사실은 아름다운 백조였던 것이다. 그는 백조 무리 속에서 들어가 하늘을 훨훨 날아다니며 행복하게 살았다.

이 이야기는 우리에게 좋은 교훈을 주고 있다.

사람들은 자신의 존재 가치를 스스로 과소평가해 의기소침하여 살아가는 경우가 많다. 어쩌면 자신이 갖고 있는 능력과 재능을 한 번도 제대로 발휘 못 하고 스스로 포기하고 좌절 속에서 인생을 살아가는 안타까운 인생이 많은 것이다. 현재 처한 환경을 탓하기보다는 자신의 역경을 이겨내고 최선을 다해 살아가라는 교훈을 주고 있는 것이다.

또 하나의 이솝우화가 있다.

어느 날 동물들이 모여 왕을 뽑기로 했다.

처음에는 사자를 왕으로 선택했다. 밀림의 제왕으로서 손색이 없었다. 땅을 걸어 다니는 사자의 용맹성을 보아 사자는 동물의 왕이 되기에 충분하다는 것이다. 그러자 새들이 반대하고 나섰다. 날지도 못하는 사자가 동물의 왕이 된다는 것은 있을 수 없는 일이라는 것이다.

그래서 독수리가 다시 왕이 되었다. 독수리는 날카로운 부리를 갖고 있고 하늘 높이 날아 세상의 흐름을 쉽게 파악할 수 있었다. 그러나 독수리가 물속에서 수영을 할 수 없다는 결정적인 약점이 나오게 되었고 급기야 고래가 동물의 왕이 되어야 한다는 주장이 나왔다.

그렇게 고래가 왕이 되었다. 고래는 수영을 잘하고 넓은 바다를 내 세상으로 헤엄쳐 다닐 수 있었다. 하지만 걷지도 못하고 날지도 못하고 그저 물속에서만 있어야 한다는 치명적인 약점을 갖고 있어 결국 왕으로 부적합하다는 결론에 이르게 되었다.

그래서 육상에서 달리기를 잘하고, 하늘에서 날 수 있으며, 물속에서는 수영도 잘하는 동물을 왕으로 뽑기로 한 동물들은 왕을 찾아다녔다. 이런 기준을 만족하는 동물은 사자도, 독수리도, 고래도 아닌 오리였다. 동물들은 오리를 동물의 왕으로 추대하게 된다.

오리는 육상에서 걸을 수 있고, 하늘도 날 수 있는 날개가 있고 물속에서 헤엄을 칠 수 있는 물갈퀴를 갖고 있다. 그러나 오리는 다 할 수 있지만 어느 것 하나 제대로 확실히는 못한다. 육상에서 다른 동물보다 잘 달릴 수 없고, 날개가 있어도 하늘을 높이 날 수는 없고, 물속에서 다닐 수 있어도 그다지 뛰어난 수영 실력을 가지고 있지도 않았다. 모든 것을 조금씩 할 줄은 아는데, 제대로 할 줄 아는 것이 없는 것이다.

청년이 살아야 나라가 산다

이 이야기도 우리에게 크나큰 교훈을 던져준다. 인간들도 각자의 재능이 있다. 하지만 특별한 재능이 없는 어정쩡한 사람들은 이 사회에서 살아가는 경쟁력을 가질 수 없다.

입시와 스펙에 목 매는 청년들, 왜일까?

우리의 현실을 돌아보자. 한국의 많은 학생들은 고등학교 때 엄청난 양의 지식들을 오로지 대학 진학을 위해 달달 외운다. 그리고 그 지식들은 대학 입학 시험을 마치는 날 머릿속에서 훅 날아가 버린다. 실제로 대학 합격 발표가 난 후 수많은 입시수험서는 모두 내다 버려지기 일쑤다. 대학 합격과 동시에 모든 것이 다 끝났다고 생각하기 때문이다.

"고등학교에서 대학 입시를 위한 준비는 준비이고, 대학 입학은 별개라고 생각하는 것이 대다수입니다. 이렇게 공부하는 것이 내 인생에서 어떤 영향을 줄 것인가는 솔직히 잘 모르겠어요."

이런 상황 속에서 대학에 입학하는 것이 우리 현실이다. 그렇게 대학을 들어가게 되면 대부분 대학생들은 입학하자마자 바쁘다. 대학에 입학과 동시에 곧바로 취업준비에 돌입하기 때문이다. 대학 선배들로부터, 또 교수님으로부터 듣는 얘기가 온통 취업에 관한 사항들이다.

대학에 갓 입학한 신입생의 말이다.

"선배님들이 스펙(spec)부터 쌓아야 한다고 합니다. 그래서 지금부터 무엇부터 해야 할지를 항목 순서별 정리하려고 합니다. 방학에는 아르바이트를 하고 해외 어학연수도 준비합니다. 인턴십도 해야 하고 자격증과 봉사활동도 해야 하고요. 할 일이 엄청 많네요.ㅠㅠ"

대학의 이곳저곳 게시판에는 획기적인 어학 점수 올리는 방법, 취업준비는 어떻게 하는지에 대한 노하우, 취업 성공 방법에 대한 각종 홍보물이 더덕더덕 붙어 있다. 많은 대학생들이 취업에 도움이 된다는 스펙을 갖추기 위해 지칠 정도로 노력한다. 취업에 유리한 자격증을 따면 되겠지 하고 밤낮을 가리지 않고 공부에 매달린다. 오로지 취업을 위해 앞으로 나가고 있다. 그렇게 공부하면서도 지금 공부하고 있는 자격증을 따면 취업에 정말 도움이 되는 건지 안 되는 건지 머릿속만 복잡하다고 투덜대는 학생이 부지기수이다.

그럼 누가 그들을 이렇게 만들었을까? 어느 정도 이 방면에 대해 생각을 해본 사람이라면 대략적인 답을 알고 있다. 그것은 너무나 평범한 인간교육을 받아왔고 그런 교육이 잘못되었다고 알고 있으면서도 또 그렇게 교육하고 있는 '현실'이다.

청년이 살아야 나라가 산다

어정쩡한 스펙 대신 전문 분야를 키워라

지금 우리 사회에서 자신이 무엇을 해야 할지 모른 채 살아가는 청년 세대가 안타깝다. 앞으로 급속히 변화되는 세계에서 살아가야 할 직업의 세계도 이전과는 완전히 달라지고 있다. 현대사회에서 필요로 하는 인재상은 애매모호하고 어정쩡한 인간이 아니라, 자기 주도로 진로를 개척하고 자기 스스로 인생을 이끌어가는 사람이다.

어려서부터 좋은 성적을 내기 위해 집중적인 교육을 받고, 죽기 살기로 공부하여 명문대에 입학하고, 대기업, 공기업에 입사하거나 공무원이 되는 것이 인생의 성공이고 행복한 삶을 보장하는 시기는 지났다.

앞으로는 평생직장의 개념은 사라지고 평생 직업의 시대로 바뀌게 될 것이다. 기업에서도 일괄적인 공채가 아닌 수시로 필요한 인원을 뽑아 쓰는 채용방식을 쓰고, 정규직 사원보다는 기업에서 필요에 따라 사람을 전문직 프리랜서 채용형식으로 바뀌는 추세이다.

지금의 세상은 변화 속도가 빠르게 변하고 인간의 수명도 크게 늘어가고 있다. 100세 시대에 살아갈 나만의 길을 찾는 것이 앞으로 자기 인생의 잘 살아가는 지혜가 되고 있다.

03

개천에 용(龍)은 살지 않았다

금수저와 흙수저

'부자는 3대 못 간다.'라는 속담이 있다. 그만큼 선대로부터 물려받은 재산을 지키는데 어렵다는 것이다. 하지만 최근의 상황은 조금 다른 것 같다.

부모의 재산이 많을수록 자녀의 소득도 높고 부(富)의 양극화가 갈수록 심화된다는 것이다.

우리 사회에서 소득 상위 10% 계층이 전체 부의 66%를 보유하고 있다고 한다. 특히 상위 5%가 전체 부의 절반 이상을 차지하고 있는 것이다. 하위 50%가 가진 자산은 전체의 2%에 불과하여 양극화 현상의 심화는 갈수록 더해지고 있다.

〈SBS〉 기사 "억만장자 2천153명이 46억 명보다 더 부유…커지는 부의 불평등"에 따르면 전 세계 억만장자 2천100여 명이 세계 인구의 60%에 해당하는 46억 명보다 많은 부를 소유한 것으로 나타났다. 억만장자 2천 100여 명의 전체 재산은 8조 7천억 달러, 46억 명의 부는 8조 2천억 달러 이다.

또한 〈연합뉴스TV〉에서 국제구호개발기구 옥스팜이 공개한 '부의 불평등 보고서'에 따르면 전 세계 상위 1%가 전 세계 인구 90%인 69억 명 재산의 2배 이상을 소유하고 있는 것으로 나타났다. 옥스팜 인도 대표 아미타브 베하르는 이렇게 말했다.

"억만장자들에게 유리한 시스템 때문에 (부의 양극화는) 더 커지고 있습니다."

전 세계가 이러하니, 한국도 부모의 학력과 계층, 직업의 대물림 현상 의 더 굳어지고 개천에는 용이 나올 수 없는 사회로 가는 것 같다.

최근 '채용과정 공정화에 관한 법률 시행령'이 발표되었다. 사원채용 면접 시 부모의 직업, 결혼 여부, 키 등을 물으면 과태료를 부과하도록 규정한 것이다. 채용 면접 시 통상적으로 아버지의 직업을 묻는 것은 구직자의 가정에서 성장 과정을 참고하는 지표가 되기도 했다. 하지만 집안 배경이나 재산 정도 부모의 학력 및 사회적 지위가 신분의 대물림이 되는 척도가 되는 것으로 보기 때문에 이 같은 법률 시행령이 나오게 되었다고 본다.

상황이 이렇다 보니 한국에서 이른바 '금수저 흙수저' 계급론이 나오게 된다. 태어날 때부터 모든 것을 갖고 태어난 '금수저'와는 반대로 아무것도 없이 살아가는 '흙수저'라는 유행어가 탄생하게 되었다. 이 사회가 표면적으로는 계급이 없어 보이지만, 실제적으로는 계급 사회로 가고 있는 것이다. 자신의 노력보다는 부모의 배경에 따라 장래가 결정되는 현실에 많은 사람들이 좌절과 패배감을 겪고 있다. 이런 상황에서 아무리 노력해도 안 된다고 생각하는 '노~오력'과 같은 자조적인 신조어까지 탄생한 것이다.

'금수저' '흙수저' 논란은 한국 사회가 계층이동이 얼마나 어려운가를 말해준다. 이런 현상은 대학 진학, 가족 형성, 소득구성, 자녀교육. 노후준비 등 주택 문제 등에서 불평등으로 이어지고 있다. 이것은 소득계층의 세대 간 부의 대물림 현상이 고착되는 것이다.

개천에서 용이 나올 수 있는 것은 공정한 경쟁의 기회를 통하여 사회적 계층이동 가능성을 높이는 계층 이동 사다리가 필요하다. 하지만 현실에서는 개인의 노력으로 넘을 수 없는 계층 간의 장벽이 점차 강해지고 있다. 이것은 마치 봉건시대의 세습제도와 비슷하기도 하다.

그들은 어떻게 부자가 되었을까?

– 자수성가형 VS. 상속형

모든 기업이 그렇다는 것은 아니지만, 일부 기업에서 부도덕한 경영, 직원들에게 갑질하는 태도, 가족끼리 일감 몰아주기 등으로 기득권층이 더욱 공고해지는 것을 자주 목격하게 된다. 더욱이 자질이 검증되지 않은 재벌 2, 3세들이 회사의 요직을 차지하고 갑질하는 모습도 많다. 이것은 재벌 오너의 가족이 직접 경영에 참여하는 것이 좋고 나쁨을 떠나서 젊은 청년들에게 상실감을 주고 있는 것이다.

그렇다면, 앞으로 한국에서 하층으로 밀려난 세대는 계속 그렇게 살아야만 하는가? 더 이상의 인생 역전이 안 되는 나라인가?

미국의 경제잡지 〈포브스〉는 2019년 초, 억만장자 특집을 실었다. 자산 10억 달러 이상을 보유한 전 세계 억만장자는 총 2천153명이다. 아마존의 제프 베이조스가 1억310억 달러로 1위, 마이크로소프트 빌 게이츠가 965달러로 2위, 투자의 귀재로 불리는 워런 버핏이 825달러로 3위다. 이 안에 미국인은 609명, 한국인은 40명이 포함되었다.

그들은 어떻게 부자가 되었을까? 특이하게도 세계 전체 부자 중 70%가 자수성가형 부자이다. 중국의 대부분은 자수성가한 사람들이다. 그러나 한국의 경우 부모부터 물려받아 기업을 발전시켜 온 것으로 상속형 부자인 셈이다.

한국은 왜 그럴까? 여기에는 여러 가지 문제가 있을 수 있다.
한국이 그동안 대기업 중심으로 경제가 고속 성장하면서 자금력이 앞선 재벌기업이 독주하다 보니 새로운 기업이 나타나기 어려운 경제구조를 갖고 있다고 볼 수 있다. 스타트업 벤처기업이 새로운 아이디어로 창업해서 뿌리를 내리기 어려운 여건이라고 볼 수 있다. 그것은 재벌 기업에 비해 상대적으로 열악한 사업 환경을 극복하기가 어렵다기 때문이다. 또 한편으로는, 젊은 청년들이 위험요소가 많은 창업의 세계보다는 연봉 등 대우가 좋은 대기업에 취직을 선호하는 경향이 많은 것이다.

2018년 무역협회 자료를 종합해보면 지금 중국의 대학생들의 창업 희망은 40%가 넘는다. 이와는 달리 한국은 40% 이상이 공무원이나 공기업

청년이 살아야 나라가 산다

에 지원하고 있다는 것이 현실이다. 2018년 대학생 실제 창업비율도 중국은 8%이지만 한국은 0.8%로 10배 이상이 차이가 나타난다.

최근 한국에서도 청년 창업 활성화를 위해 정부, 지방자치 단체 등에서 여러 방면으로 노력을 하고 있다. 하지만 한국의 청년층들이 창업에 대한 의욕이 솟아 나올 수 있도록 여건조성과 청년층의 창업 열기를 어떻게 키워주느냐가 중요한 것 같다.

당당하게 세상 밖으로 나가라

우리 사회의 부의 편중 현상은 앞으로도 지속될지도 모르겠다. 국가 차원에서는 청년 자신의 노력으로 스스로 일어날 수 있는 희망의 사다리가 되어 주는 전반적으로 정책을 펴야 할 것이다. 또한, 기득권을 가진 자가 희망의 사다리 걷어차기, 신분 상승의 기회 박탈을 막는 데 앞장서야 한다.

누구든지 노력을 하면 잘 살 수 있는 공정한 사회가 되어야 한다. 누구나 공정한 경쟁을 통하여 각자의 능력을 인정받고 살아갈 수 있는 토양에서 많은 자수성가 스타가 탄생할 수 있다.

하지만 사회 전반적으로 깔린 기득권 사회를 일순간에 해소하기에는 어려운 일이기도 하다. 그렇다고 이런 상황을 한탄만 하고 비관적인 시각만 갖고 노력을 하지 않는다면 점점 깊어가는 어둠의 계곡에서 탈출할 수가 없다고 생각한다.

뿌리 깊은 이런 사회 현상은 개혁과 개선되어야 하겠지만, 개인 각자도 스스로 일어서도록 노력해야 한다. 자신들도 자신이 처한 환경을 탓하기보다는 그런 환경에도 불구하고 스스로 일어나겠다는 근성이 필요하다. 근성은 곤란, 고통을 끝까지 이겨내는 끈질긴 깊은 뿌리의 성질을 말한다. 또한, 주변 영향으로 받아온 패배감에서 벗어나려는 나만의 오기가 필요하다. 오기는 힘이 달리면서도 남에게 지지 않으려는 정신이다.

그러기 위해서 나만의 차별화된 경쟁력을 갖추는 것은 필수적이다. 그것은 국가가 그런 시스템과 제도를 만들어 주기를 기다리는 것보다는 내가 먼저 나서야 해답이 나온다. 지금 처한 환경에 당당하게 도전하고 자기 자신을 세상 밖으로 나가야 한다.

04

바야흐로 공시족 공화국

너도나도 공무원이 되고 싶다는 청년들

세상에 이런 비극이 있을까 하는 비통한 사건이 벌어졌다. 곡성군의 홍보업무를 맡고 있는 40대 젊은 공무원이 귀가하다가 마침 아파트 옥상에서 투신자살하는 대학생과 부딪쳐 둘 다 사망했다. 만삭인 아내와 아들이 아빠의 귀가를 기다리기 위해 나와 지켜보는 가운데 이런 끔찍한 사고가 발생해 슬픔을 주고 있다. 30초만 먼저 왔어도 1분만 늦게 왔어도 이런 충돌사고는 일어나지 않았을 것이다. 더욱이 투신한 대학생은 공무원 시험을 준비하는 공시생이어서 많은 사람들이 안타까워하고 있다. 투신한 그의 유서에는 이렇게 적혀 있다고 한다.

"태어나서 아무것도 쉽게 쟁취한 게 없는데 왜 다른 사람들은 쉽게 행복할까? 본심 아닌 다른 사람의 시선을 의식해서 보는 공무원 시험은 외롭다."

청천벽력 같은 사건으로 세상을 떠난 곡성군 공무원이 운이 나쁘고, 연거푸 실패로 인하여 극단적인 선택을 한 공시생이 나약한 사람이라고만 내세우기에는 우리 사회에게 많은 고민을 안겨준 사건이었다.

어느 대학이나 방문해보면, 각종 현수막이 정문부터 즐비하게 걸려 있다. 학교 내 행사안내도 있지만 상당수 눈에 띄는 것은 취업에 대한 것과 시험에 합격했다는 내용의 현수막이 걸려 있다. 경찰공무원, 소방공무원, 교원임용 고사 합격 등 다양한 시험합격 현수막을 볼 수 있다. 어떤 대학에서는 '공무원사관학교'라고 큰 광고판을 내걸고 학생모집을 하고 있다. 공무원 시험이 진행되는 날이면 방송 매체에 사상 최대 입시생이 몰렸다고 보도가 나온다. 경쟁률도 치열하여 수십 대 일은 보통이고 모집직종에 따라서는 수백 대 일에 도달하기도 한다.

지금껏 매년 지원자 수가 많아지고 경쟁률을 경신하는 추세를 볼 때 앞으로도 계속적인 지원자 수와 경쟁률 기록은 매년 갈아 치울 것으로 생각이 된다.

이런 공무원 시험에 재수는 기본이고 삼수, 사수, 오수 등 끊임없는 도전을 하고 있는 모습이다. 한국의 수많은 청년들이 공무원입시학원이 몰려 있는 서울의 노량진에서 공무원 준비를 위해 많은 열정을 불태우며 공부를 하고 있는 것이다.

통계청 조사자료 의하면 2019년 상반기에 취준생이 71만 명으로 역대 가장 많다고 한다. 그중 더욱 놀라운 것은 취준생 4명 중 1명이 공시생이 차지한다고 한다. 문제는 평균 합격률이 2016년 기준 1.8%에 지나지 않는다. 공시생 100중 최종 합격을 한 사람이 2명이 채 안 되고 있는 것이다.

시험에 떨어진 98명은 무엇을 할까? 답은 어렵지 않다. 그들은 계속 공무원 시험 준비에 매달린다. 이것 말고 별다른 대안이 없다고 생각하기 때문이다. 공무원 시험에 삼수, 사수 그 이상을 하고 공무원 인기는 시들지 않는 주된 요인이다. 그나마 열심히 공부하여 공무원 시험에 합격한다면 가문의 영광으로 알고 박수라도 보내지만, 20대 청춘의 고귀한 시간을 오로지 공무원 시험에만 매달리며 시간을 보낸다는 것은 안타까운 생각이 많이 드는 것이다.

사실은 공무원이 문제가 아니다!
그렇다면 그들은 왜 그럴까?
지금의 우리 사회는 임금, 근로 환경 등 일자리의 질적인 차이가 많아졌다. 그러니 시간이 걸리더라도 스펙 쌓기, 취업준비 학원 다니기 등 좋은 일자리를 찾기 위해 구직을 이어가는 사람들이 는다.

그러다 보니 노량진 학원가에는 몇 년째 공무원 준비를 하는 공시생이 증가하고 있는 것이다. 국회의원 등 정치인들이 선거철이 되면 선거에 출마하는 사람들이 자주 찾는 곳이 노량진고시촌이다. 젊은 사람들이 몇 년씩 컵밥을 먹으면서 공부하는 모습이 안쓰러워 그들을 위로하기 위해서이다. 또 한편으로는 젊은 사람들의 표를 의식하고 찾아가는 것이 불편한 모습으로 비쳐지고 있는 것이다. 한국의 최고 명문대학 재학생이 최하위 직급 9급 공무원 시험에 응시하게 되자 대학 학생회에서 이것이 맞느냐 맞지 않느냐 하는 토론을 벌이기도 했다.

많은 사람들이 공무원을 선호하는 이유는 무엇인가?

가장 큰 이유는 직업의 안정성이다. 일반 기업에서는 자신의 능력과 관계없이 회사가 도산되는 상황을 맞이할 수도 있고 다른 회사와 합병(M&A)이 되는 과정에서 회사를 그만두고 나오는 사례가 빈번한 것에 비해 공무원은 한번 채용되면 특별한 문제가 없으면 정년까지 보장된다는 생각이 가장 큰 이유이다.

청년이 살아야 나라가 산다

또 하나 이유는 시험과정에 학별을 따지지 않으며 시험점수가 높고 결격사유가 없으면 누구나 응시와 합격이 가능하다고 여기기 때문이다. 이른바 시험에 있어 공평과 공정성이 있다고 생각하기 때문이다.

중하위권 대학을 나온 사람이나 고졸 학력 등 대학을 나오지 않은 사람들이 실력만 있으면 합격할 수 있는 것이 공무원 시험이라고 생각하고 있는 것이다.

물론, 우수한 인력이 공무원이 된다는 것이 잘못된 것은 아니다. 국가 행정 및 관리시스템을 선진화하고 국민에게 더 나은 서비스를 제공하기 위해서 우수한 인력의 충원은 필수적인 것이다.

하지만 수많은 사람들이 공무원을 선호하게 되어 서울 노량진 고시학원에는 20대 대학생은 물론이고 다니는 직장이 불안하다고 느낀 30대, 40대 직장인들도 공시족이 늘어가는 현실이다.

이렇게 공무원 시험에 응시하는 숫자가 많아진다는 것은 그만큼 시험 준비 비용이 증가가 늘어간다는 것이다. 공무원 숫자가 늘어가는 것은 그만큼 국가 재정이 늘어가는 것이다. 즉 그 부담은 국민의 세금이 늘어가는 것이다.

공무원이 되는 것이 좋고 나쁨을 떠나서 젊은 청년들이 안정된 직장만을 선호하고 새로운 세계로 도전하는 것을 기피하는 것이 가장 큰 문제라고 생각한다. 인류의 역사는 정해진 일보다는 끊임없는 도전에 의해 만들어져왔고 앞으로의 세계도 그런 사람들이 새로운 역사를 만들어갈 수 있는 것이다.

대학은 많고 학생은 없고?

마음만 먹으면 누구나 대학을 가는 나라

한국에 대학은 많은데 정작 대학을 갈 학생 수는 급감한다는 것이 사회적으로 큰 이슈가 되고 있다. 실제로 2020년도 입시부터 대학 입학 가능한 학생 수(47만9천 명)인데 대학정원(49만7천 명)으로 2만 명 정도 입학학생이 부족한 것으로 나타난다. 앞으로 이런 현상은 더욱 심각해져서 2024년도에는 12만 명이 입학정원대비 입학할 학생이 적게 된다고 한다. 이런 현상은 앞으로 입학생을 뽑지 못해 문을 닫는 대학이 속출하게 된다는 예측이 나오고 있다.

정부 차원에서 이런 상황을 대처하기 위하여 매년 대학을 A, B, C, D, C, E등급으로 평가하고 하위 D, E등급에는 학자금대출 제한, 국가 장학금 제한, 신규 연구 인원 감축, 폐교 권고 등 관련 조치를 하게 된다.

이렇게 대학 입학 정원이 줄어든다는 것은 대학 경영에 크나큰 타격을 받게 된다. 이에 매년 발표되는 대학구조조정 명단, 이른바 살생부가 떠도는 날에는 대학 관계자뿐만 아니라 대학에 다니고 있는 학생들도 초미의 관심이 되고 있다.

"제가 해외 교환학생 프로그램을 나와 있는 동안 저희 학교가 학자금대출 제한 대학에 들어갔다고 해요. 그래서 다음 학기 등록을 앞두고 당장 등록금 마련이 걱정입니다."

"저희 학교가 대학구조조정 명단에 들어갔다고 하더라구요. 듣기로는 학자금대출도 안 되고 점차적으로 정원감축으로 하게 되고…. 어쩌면 폐교가 된다고 소문이 나 있어요.
그럼, 저는 어떡하죠…. 저희 학교 이미지도 안 좋아지고, 앞으로 취업하는데도 악영향이 있을 것 같아요.ㅠ"

"군대를 다녀오니 제가 다니는 학과가 없어졌어요. 정원을 못 채워서 저와는 전혀 다른 학과하고 통폐합됐다고 하더군요. 그 학과는 저와 맞지도 않고…. 앞으로 어떻게 될지 걱정입니다."

청년이 살아야 나라가 산다

상황이 이렇다 보니 상당수 대학에서는 대학 교수들이 전면에 나서 고등학교를 찾아다니며 대학생 유치를 위해 열을 올리고 있다. 그렇게 해서라도 입학정원을 채워야 하는 절박한 입장에 놓이게 된 것이다.

결국은 한국은 마음만 먹으면 누구나 쉽게 대학을 갈 수 있는 나라가 된 것이다. 그런 결과로 한국의 대학 진학률은 2008년 83.8%로 세계 최고 수준의 정점에 이르고 2018년에 69.8%로 다소 떨어지긴 했지만, OECD 회원국 중에서 단연 1위를 차지하고 있다.

이런 현상은 1970년도에는 대학 수가 70여 개로 전체 진학률도 26.9%

에 지나지 않았다. 하지만 2000년도에 이르러 무려 200여 개 대학이 나오게 되었고 30년 동안 3배 이상 늘어나게 된 것도 큰 요인이 되었다.

대학은 무조건 가야 한다는 교육열

한국이 전 세계적으로 대학진학률이 최고 높은 이유는 무엇일까?

이것은 좋은 대학 → 더 좋은 직장 취업 → 인생 성공의 길이라는 뿌리 깊은 사회적 인식이 강했기 때문이다. 대학을 나오지 않으면 사회적으로 인정을 받지 못한다는 사회적 인식이 팽대했기 때문이다. 한국 사회 전반적으로 깔려 있는 이러한 인식은 전 세계에서 가장 높은 교육열로 이어지게 되었다.

한편으로는 대학 졸업자의 심각한 취업난으로 인하여 대학이 취업을 준비하는 학원으로 전락한 것 아니냐는 비난을 받기도 하지만 현실적으로 대학은 반드시 거쳐야 하는 단계로 생각하고 있는 것이다. 결국은 대학이 신분의 상승 사다리라고 여기고 성공으로 가는 필수과정이라는 생각이 고착되어 있는 상황이라서 대학을 무조건 진학하는 추세가 이어지고 있는 것이다.

일찍이 서양에서는 대학을 상아탑(象牙塔)이라고 하였다. 한국에서는 자식 농사를 위해 소를 팔아 대학을 보낸다는 우골탑(牛骨塔)이라고 불리 울

청년이 살아야 나라가 산다

정도로 자녀교육에 모든 것을 바칠 정도로 중요하게 생각해왔다.

이러한 인식은 한국에서의 대학 교육은 직업과 관직을 얻는 데 가장 중요한 요인이라고 생각했고, 신분 상승 방법으로 다른 방식보다 그나마 쉬운 것이 교육이라고 여기는 것이다.

그래서 돈 있는 집안에서는 아이가 태어나면 유치원부터 차별화된 교육을 시키고자 유명 유치원에 입학시키기 위해 주소를 유치원 근처로 옮기고 신청번호를 받기 위해 며칠 밤 줄을 서며 대기하는 것부터 경쟁은 시작된다.

곧이어 초등학교, 중학교, 고등학교를 다니는 동안 고액의 특별과외를 하더라도 명문대학에 입학시키기는 것이 가문의 영광이라고 생각한다. 일단, 명문대학을 입학하게 되면 지금까지 1차 고생 끝이고, 그다음은 나중에 생각한다는 것이다.

이런 생각의 근간이 되는 현실적인 문제가 있는 것이 사실이다. 그것은 한국사회에서 대학을 나온 사람이 그렇지 않은 사람들에 비해 급여 비중이 높은 사회적 구조가 이를 더욱 부추기고 있는 것이다.

2018년 OECD 교육지표에 따르면 고졸자 임금을 100으로 환산했을 때 석박사대학원 졸업자 임금이 198으로 2배에 가깝게 형성되어 있다. 전문대 졸업자는 116, 종합대학졸업자는 149으로 고졸자에 비해 1.5배 높게 형성되어 있다.

20대 국회의원 당선인 300명의 출신대학을 분석한 것은 서울대 출신이 총 82명으로 전체의 27%를 차지하고 흔히 얘기하는 '인 서울(in Seoul) 대학' 출신이 전체의 62%를 차지하고 있다. 상황이 이렇게 되다 보니 명문대학을 나온 사람들이 사회에서도 성공한다는 등식을 성립된다고 믿게 되는 것이다. 한국 사회에 뿌리 깊은 학벌주의는 소위 가방끈의 정도가 사회신분의 척도가 된다는 관념이 급속히 늘어나는 결과로 이어지게 되었다.

하지만 한국의 대학 진학률이 OECD 1위이지만 대졸자(전문대 졸, 대학원 석·박사 포함)의 고용율은 최하위권이라는 것이다. 그러나 대학을 간다 하더라도 취업이나 인생 성공 사다리를 타지 못하는 현실 속에서 한국의 학벌 절대주의는 쉽게 사라지지 않을 것 같다.

이런 가운데, 현실적으로 대학을 다니는 동안 경제적인 부담도 많이 드는 것은 사실이다. 이전에도 가난한 사람이 오로지 공부는 하고 싶은데 가정형편이 뒷받침 안 되어 학업을 지속하면서 일을 하면서 돈을 벌어 학비를 감당하는 학생을 고학생이 있었다. 그들은 낮에는 일을 하고 밤에는 공부하는 주경야독의 정신으로 자신의 청운의 꿈을 이루어 나간

청년이 살아야 나라가 산다

사람들이다.

그들은 열심히 하여 학업을 마치고 좋은 회사에 취업을 하거나 또는 각종 고시시험에 합격하여 인생역전이 이루어지는 기회를 삼는 경우가 많았던 것이 사실이다.

지금의 경우, 학비를 벌어 공부하는 경우도 있지만 대학을 다니는 동안 취업에 필요한 각종 자격증, 영어 등 외국어 점수를 쌓기 위한 학원비 등 비용이 가정의 부담으로 늘어가고 있다. 이렇게 해서라도 제때 취업을 하면 다행이지만, 대학을 졸업을 했지만 제때 취업을 못해 취준생으로 남아 경제적인 부담을 가중시키고 있는 것이다.

취업준비비용 증가 → 비용마련을 위한 알바식 저임금 노동 → 빈곤한 생활 → 취업실패 → 취업준비 장기화 → 또다시 알바식 저임금 노동 → 빈곤한 생활 고착화

결국 이러한 악순환 고리가 이어지게 된다. 뿐만 아니라, 취업준비에 들어가는 돈이 부족해서 금융대출까지 하다 보니 나중에 취업 후에도 영향을 끼쳐 사회 나오자마자 신용불량자로 전락하는 경우도 있는 것이다.

교육은 백년대계다

대학이 직업을 갖기 위해 중간과정으로 인정되든, 본래의 대학이 갖는 학문기초를 다지는 연구기관으로 되든지, 궁극적으로는 인간의 행복의 추구와 인생을 살아가는 가치를 창출을 위한 중요한 과정인 것만은 틀림없다.

대학을 다니는 동안은 개인의 인생에서도 가장 중요한 시기이고, 다음 세대를 이끌어가야 할 가장 혈기 넘치는 청년들이 모여 있는 장소가 대학이기도 하다.

그동안 한국의 대학은, 한국의 민주화 과정과 산업발전을 이끄는 역할은 지대했다. 지금과 같이 어려운 시기에는 대학이 사회의 한 중심축으로 견인차 역할을 해야 한다고 생각한다.

더욱이 4차 산업혁명이라는 시대 흐름에 앞서는 신시대적 인재를 양성해 내고 글로벌 세계를 리드할 경쟁력 있는 인력을 육성하기 위한 교육기관으로 자리 잡아야 할 것이다.

한국의 어려운 현실 속에서 '교육은 백년대계'라는 말을 다시금 되새겨 본다.

성공한 국가, 그러나 불행한 세대

가장 빠르게 성장한 나라

현제명 작곡 작사의 〈희망의 나라로〉라는 유명 가곡이 있다. 경쾌한 리듬을 갖고 있을 뿐만 아니라, 가사가 생동감을 주고 있어 국민가곡으로 널리 애창되어왔던 노래이다.

배를 저어가자 험한 바다 물결 건너 저편 언덕에

산천 경치 좋고 바람 시원한 곳 희망의 나라로

돛을 달아라 부는 바람 맞아 물결 넘어 앞에 나가자

자유 평등 평화 가득 찬 희망의 나라로

밤은 지나가고 환한 새벽이 온다 종을 크게 울려라

멀리 보이나니 푸른 들이로다 희망의 나라로

돛을 달아라 부는 바람 맞아 물결 넘어 앞에 나가자

자유 평등 평화 해가 가득한 곳 희망의 나라로

한국은 2차 세계대전 종전에 따라 새로이 독립한 신생국가로 출발하게 된다. 갓 태어난 한국이 정상국가로 자리를 잡기 전에 1950년 6.25 남북 전쟁으로 온 국토는 폐허가 되어버린 불행한 나라가 되었다.

국가적으로나 민족적으로 참으로 운이 따라주지 않는 나라가 한국이었다. 6.25 전쟁 이후에도 4.19, 5.16 등 사회적으로도 혼란을 겪던 세계에서 가장 빈곤한 국가인 한국이 불과 60여 년 만에 전 세계에서 경제성장을 이룬 유일한 성공사례로 꼽고 있는 것이다.

이 같은 경제적인 성공은 국민들에게 한국인이라는 자긍심을 불러일으켰고, 하면 된다는 굳은 자신감을 주게 되었다. 한국은 조용한 아침의 나라가 아니라, 세계무대에서 중심의 역할을 하며 당당하게 자리매김을 한 나라로 부각되었다.

2018년 한국은 '국민소득 2만 달러 시대'에 접어든 지 12년 만에 1인당 국민소득 3만 달러를 넘어선 것으로 집계됐다. 한국이 인구가 5천만 명

이상 국가 중 소득 3만 달러를 넘는 '30-50 클럽' 국가로는 세계 7번째에 등극이라고 한다.

근세기 세계 경제는 영국의 산업혁명의 산물로 제조업의 기초를 낳았고, 미국은 제조업의 대량 생산 시스템은 국가를 부흥시켰다. 한국은 이런 대량 생산 시스템을 도입하고 정착시켜 제조 산업 부문에서 빨리 자리를 잡게 된 것이다.

특히, 한국인이 갖고 있는 위계질서를 중시하는 유교 문화 시스템에서 상명하복의 충성심과 '빨리빨리!', '하면 된다!', '안되면 되게 하라!'는 기업 문화는 한국이 빨리 성장하는데 기초가 되었다. 이런 한국인의 문화적 기질이 제조 산업 시대에 잘 맞았던 것이다. 더욱이 우수한 두뇌와 근면한 생활 태도는 한국을 세계 10위권 경제 국가에 등극하는 데 지대한 역할을 했다.

이렇게 세계 최빈국에서 출발한 한국이 소득 3만 달러대 진입으로 명실상부한 선진국 대열에 진입했다는 것은 분명 자랑스러운 일이다. 하지만 지금 우리가 체감적으로 느끼는 풍요로움이 없는 것은 왜 그럴까. 한국이 어느 순간부터 점차 쇠락하는 기운이 들기 시작한 느낌이 든다.

진짜 '헬조선'인가 ?

최근 매스컴에서 유행어 중의 하나로 '헬조선'을 뽑았다. 지옥 같은 나라, 불길을 휩싸여 사는 우리들의 모습을 나타낸 단어로 무언가 불만적이고 희망이 없는 분위기가 엄습한다.

1970년~1980년대는 한국의 경제 성장률은 9% 수준을 웃돌았다. 그 이후 1990년대에 6%로 하락하다가 IMF 외환위기를 거치면서 2000년도 중반에 4%대, 2008년 세계 금융위기 이후에는 3% 이하로 하락되었다.

그 이후부터는 줄곧 2~3% 이런 모습으로 이어지고 있다. 전문 예측 기관에서는 한국의 경제성장이 앞으로 저성장 곡선을 그리거나 경제성장이 멈춘다는 얘기가 나오고 있는 실정이다.

이렇게 저성장 경제상황이 지속되면서 패기 있던 청년들이 어느 순간부터는 활력을 잃어가기 시작한 것이다. '산이 높으면 골이 깊다'는 말이 있듯이 이전에 잘 나가던 한국이 점점 생동감을 잃어가고, 앞으로 미래가 불투명 해 보이는 것이다. 현실적으로 물가는 오르고 생활은 궁핍해지고 대학을 졸업 후 마땅한 일자리를 찾기는 점점 어려워지고 있는 것이다.

또한, 한국은 국가적 고질적 상황에 봉착해 있다. 소득 불평등, 늙어가

청년이 살아야 나라가 산다

는 산업구조와 새로운 산업 트렌드에 대응을 못 하고 우왕좌왕하는 것 같은 사회 환경, 저출산 및 고령화 부담 등은 앞으로 세계에 대한 암울한 전망을 주고 있는 것이다. 그런 와중에서 인생에서 가장 활력이 넘치는 청년들이 기운을 잃어가고 있는 현실이 지금의 모습이 된 것 같다.

한국 청년들이 가장 어려운 것 중 하나는 대학을 나와 취업난을 겪고 있는 것이다. 우리는 어려서부터 부모님과 주변의 많은 분들로부터 귀가 따갑게 듣는 것이 '너 공부 열심히 해라.', '열심히 공부해서 좋은 대학에 가서 좋은 회사에 취업하여 잘 살라.'는 얘기일 것이다.

지금의 청년들은, 대학 입학만으로도 특수 사회신분계층으로 분류되었던 부모 세대와는 상황이 다르다.

그 시절 부모 세대들은 대학을 나오면 고도의 경제 성장기에 그래도 취업이 잘되었다. 학과 사무실에 가면 각 기업체에서 채용 공고문이 여러 장 붙어 있고, 눈에 잘 보인 교수님께서 챙겨주시는 취업추천서 한두 장 정도는 받아 보았다. 하지만 지금 세대는 완전히 다른 것이다.

지금의 청년들은 그 엄청난 입시 지옥문을 거쳐서 대학만 들어오면 다 될 줄 알았는데, 이제는 또 다른 취업 지옥문이 버티고 있는 것이다.

대학 생활의 낭만은 사라지고, 그들에게는 열심히 공부하여 좋은 회사에 취직해야 한다는 절박한 압박이 밀려오는 것이다.

마치 여러 개의 지옥문을 하나를 통과하면 더욱 불길이 쌓이고 더 큰 지옥문이 버티고 있는 것이다. 마지막 문이 언제 나오며 마지막 문을 통과하면 광명의 세계로 나갈 수 있는지가 걱정되는 것이다.

상황이 이렇다 보니 한국 청년들은 이른바 '포기의 시대'를 맞이하고 있다.

사람이 태어나 인생에서 가장 중요한 연애, 결혼, 출산을 포기한다는 것이다.

이전과 달리, 결혼 후 남편 혼자 벌어서 살기 어려운 시대라서 결혼 후 여성도 직장을 가져야 한다. 대학 졸업 후 곧바로 결혼을 하지 않고 취업을 통해 사회진출을 하다 보니 결혼 시기가 늦어지는 것이다.

전세금 등 주거비용 급등으로 결혼을 위한 집 마련 부담이 날로 가중되고 있는 것이 지금의 현실이다.

그러다 보니 결혼한다 해도 아이 출산 후 육아 부담이 커져서 출산을 늦추거나 아예 출산을 기피하는 현상이 더욱 심화되고 있다.

한국 사회의 이런 상황이 지속은 젊은 세대에게 희망을 주지 못하고 어두운 미래를 주는 것으로 매우 안타까운 생각이 든다.

Part 4

터닝포인트
생각을 바꾸면 세상이 보인다

Turning Point

01

필(feel)이 꽂히면!

재미있게 하는 사람과 피곤해하는 사람의 차이

누구나 학교에 다닐 때 우등생이 되고 싶은 욕망을 가져본 적은 한 번쯤 있을 것이다. 그렇다면 전교에서 최상위권의 성적을 받는 학생들과 그렇지 못한 사람들 간의 차이는 무엇일까.

"공부를 잘하는 사람들은 특별한 비결이 무엇일까?"

"전교 1등 하는 친구는 머리가 좋아서 그런 걸까?"

어쩌면 한 번쯤 이런 생각을 해본 경험이 있을 것이다.

"나는 공부가 가장 쉬웠어요."

보통의 사람들, 공부를 잘하지 못하는 사람 입장에서 보면 참으로 기가 찰 노릇이다. 또한, 공부 면에서 별로 두각을 나타내지 못하는 학생들은 이렇게 말한다.

"저는 머리가 안 좋고, 공부에는 소질 없어요. 어쩔 수 없지요."

그렇다면, 머리가 좋고 나쁨의 기준은 어떤 것인가.

보통 두뇌가 좋은 사람이 IQ(지능지수)가 높은 사람이라고 한다. 과연, 우리가 살아 있는 동안 뇌를 얼마나 사용하는 걸까. 조사에 의하면 아인슈타인 같은 세계 최고의 천재도 뇌의 3%도 채 사용 못 하고 인생을 마친다고 한다. 일반인은 1%도 사용 못 하고 있는 것이다. 결론적으로 일생을 살아가는 동안 뇌의 97% 이상은 사용되지 못하고 그냥 쉬고 있다는 말이다. 그래서 그냥 쉬고 있는 뇌를 조금만 더 사용한다면 천재, 수재, 영재 소리를 들으며 살 수 있는 것 아닌가.

"기억중추 해마, 안 쓰는 기능 퇴화"에서 뇌의 퇴화에 대한 내용이 나온다. 스마트폰 게임을 할 때는 뇌의 연산이나 기억 등의 복잡한 기능을 거의 사용하지 않는다고 한다. 단순한 동작과 자극이 반복되면서 뇌 기능이 전반적으로 퇴화한다. 특히 집중력클리닉 전열정 원

청년이 살아야 나라가 산다

장은 '뇌에서 기억에 관여하는 핵심부위는 해마인데, 해마는 마치 근육처럼 애쓰지 않으면 기능이 약화되기도 한다.'라고 말한다.

〈YTN〉의 기사

우리에게 잠자고 있는 뇌를 깨워내서 사용하는 방법은 있는 걸까? 답은 '가능하다'이다. 잠자고 있는 뇌를 깨어나게 하는 방법을 생각해보자.

우리가 생활 속에서 생기(生氣)가 넘치고 밝은 사람은 깨어 있는 뇌를 가진 사람이라고 볼 수 있다. 생기 넘치는 사람은 재미있는 생활을 하고 있고, 무엇인가 신바람이 나 있는 사람이다. 그런 신바람이 나는 것은 자기가 하는 일이 재미가 붙어 있는 사람이기 때문이다.

또 한편으로 생기가 넘치는 사람은 주변에 좋은 기운을 불러 주게 된다. 그런 사람은 긍정적인 사람으로 생활이 즐겁다 보니 창조적인 아이디어가 넘쳐 나오게 된다. 뿐만 아니라, 하는 일이 잘되다 보니 늘 표정이 밝게 된다. 그런 사람들은 남들이 지겹게 생각하는 공부조차도 재미를 느끼는 뭔가를 발견하였기 때문에 공부가 가장 쉬웠다고 하는 것이다.

가끔 TV 뉴스에 보면 업무 중 과로사로 죽은 얘기가 나온다. 과로사는 왜 일어날까?

그것은 자기 능력에 비해 과도한 하중이 걸리거나 체력이 못 따라가는 데다 병약한 경우 피로가 누적되어 돌연사가 되는 경우이다. 이 세상에서 가장 어렵고 힘든 일은 하고 싶지 않은 일을 억지로 하는 것이다.

예를 들어 회사에서 윗사람으로부터 지시받은 업무를 수행하는 과정에서, 정해진 일정 내에 프로젝트를 무리하게 완수해야 한다든지, 박사학위를 논문 제출을 앞두고 과도한 스트레스를 받는 경우 피로가 누적되고 하는 일이 재미가 없게 된다.

반대로, 스스로 좋아서 하는 일은 즐겁고 재미가 있다. 앞으로 다가올 미래에 대한 즐거운 상상을 하면서 자신이 계획하는 대로 일을 순조롭게 진행하게 된다. 스트레스가 생겨도 풀어가는 방법을 생각하며 일을 하게 된다. 그런 사람을 일컬어 어떤 일에 필(feel)이 꽂혀 있다고 한다. 그런 사람은 즐겁고 일을 하고, 재미있는 삶을 살아간다.

우리가 보통 일상에서 하고 있는 일은 외부로부터 주어지는 것과 자기 스스로 정해서 하는 일로 나누어진다. 하고 싶지 않은 공부를 하거나 임무 부여된 일을 마지못해 한다면 과연 능률이 올라올까. 특히, 외부로부터 부여받은 요구에 하고 싶지 않지만 하지 않으면 안 되는 일을 억지로 하는 것은 힘들 수밖에 없다. 이런 경우가 과로사의 원인이 되는 경우가 많다.

청년이 살아야 나라가 산다

필(feel)이 꽂히면 안 되는 것이 없다 !

중국 상해에서 진행하고 있는 어학 +GLP(Global Leader Ship)프로그램에 참가하는 학생들에게 현장 속에서 스스로 느끼고 그것을 통하여 자기 스스로 목표를 정하도록 하고 있다.

'이 일을 왜 해야 하지?'

'어떻게 하면 더 좋을까?'

GLP 프로그램 속에서 자발적으로 그 목표와 방법을 찾아가도록 하고 있다. 이렇게 자신의 목표를 정하고 자기 스스로 찾아가는 과정에서 재미를 느끼게 된다. 단순한 감각적인 재미가 아니라 그 재미가 내 인생에 도움이 되고 그렇게 하면 뭔가 잘 될 것 같은 필(예감: feel)을 느낄 때 내면에 잠겨있는 의욕의 에너지가 솟아나는 것이다.

매번 GLP 프로그램 연수를 마치고 수료식 때 각자 소감을 발표하는 기회를 갖는다.

종합 성적 최우수상을 받게 되었던 A 학생은 말했다.

"지금껏 제가 1등을 받은 것은 이번이 처음입니다. '제가 이런 경우도 있구나.' 하는 것이 믿어지지 않습니다."

또 다른 B학생의 말이다.

"처음 왔을 때 중국에 대한 부정적인 선입견이 있습니다. 하지만 팀 프로젝트 과정을 수행하면서 중국에 대한 이해도 높아졌고 앞으로 중국에서 꿈을 만들어가고 싶어요."

역시 처음 연수에 참가한 뒤 자발적으로 중국어 공부했던 C학생은 이렇게 말했다.

"오늘 HSK 6급 발표를 확인하고 눈물이 앞을 가립니다. 제가 이렇게 할 수 있다는 것이 참으로….."

이 학생들은 모두가 중국어를 전공하지 않았고, 지금까지 공부를 잘한다는 얘기를 들어보지 못하고 공부 방면에서는 늘 처져있는 학생들이었다. 이 같은 감동적인 사례는 얼마든지 발견되고 있다.

타고난 두뇌가 좋아서 공부를 잘하고 사회적으로 성공한 경우도 있지만, 잠자고 있는 뇌를 깨워서 가동률을 높여 공부에 대해 관심이 늘게 되고 즐거움과 재미가 나온 경우도 있다.

지금 하는 일이 재미가 있기 때문에 창의적인 아이디어가 솟아오르고 뇌의 가동률은 높아지는 것이다. 뿐만 아니라, 무엇보다도 스스로 재미를 통하여 자신감을 갖게 된다.

청년이 살아야 나라가 산다

평소에 매사에 자신감이 없고 실패만 했던 사람이라도 스스로 노력하여 어떤 일을 성공하면 짜릿한 성취감을 맛볼 수 있으며 일에 대한 자신감이 붙고, 이것이 연이어 성공으로 가는 원동력으로 싹튼다. 이른바 승리 효과(winner effect)이다.

성공을 맛보았던 사람은 자신도 모르게 자신감이 생겨나고 열정적인 자세로 변하게 된다.

지금까지 살아오면서 자기 스스로 '나는 안 되는 사람, 공부를 못했던 사람'으로 생각하고, 주변의 가족, 친구들, 학교 교수님의 '저 애는 공부에 소질 없는 사람이야.'라고 바라보는 시선 때문에 이미 열등감의 늪에서 빠져 있는 것이다. 그런 상황에서는 참신한 아이디어가 나올 수 없다. 그러다 보니 앞으로 자기 인생의 꿈도 구체적이지 못했고 늘 풀이 죽어 살 수밖에 없다.

하지만 어떤 계기를 통하여 자신에게 어떤 능력이 있다는 것을 처음으로 발견되었고 그것이 재미로 연결된다면 나는 할 수 있다는 용기가 생기게 되었다. 자신에게 잠겨있던 능력이 새롭게 발견되면 더 많은 창조의 길이 열리는 것이다. 어떤 좋은 예감 즉, 필(feel)이 느낄 때 창조의 에너지는 뿜어 나온다.

02

터닝 포인트(turning point)와 마인드 업(mind up)

터닝 포인트 – 인생이 바뀌는 계기는 어디에서 오는가?

인간은 사회적 동물이라고 한다. 사람이 태어나서 자라나는 동안 주변 환경의 영향을 받아가면서 환경변화에 적응하고 다듬어지면서 성장하게 된다. 그래서 인생을 살아가는 동안 누군가를 만나 좋은 영향을 받는다는 것은 크나큰 행운이 될 수 있다. 사람이 어떤 생각이나 습관에 변화가 생기는 것은 스스로 시도하기도 하지만 외부로부터 영향이나 자극을 받는 경우가 더 많은 것이다.

'맹모삼천지교(孟母三遷之敎)'라는 말이 있듯이 사람이 태어나서 성장하는 과정에서 주변 환경이 얼마나 중요한가를 알 수 있다. 그런 주변 환경은 외부로부터 만들어지거나 아니면 스스로 만들어야 한다. 우리가 살아가는 동안은 순간순간 수많은 선택과 판단의 연속이다.

그것은 어떤 계기로부터 그동안 가지고 있던 생각이나 습관이 바뀌게되고, 그 인생행로가 전환(turning)되는 시점을 만나게 된다. 그 전환은 인생을 바꾸고 자기도 모르고 살았던 잠재능력을 깨어나게 한다. 또한, 우리의 세상살이는 수많은 만남의 연속이다. 지금 이 순간에도 누군가를만나고 소통하고 있는 것이다.

그래서 흔히 쓰고 있는 '인간(人間)'이라는 단어도 사람들 간의 만남을의미한다. 그런 만남이 자기 인생 흐름에 영향이 미쳐 인생의 성공과 실패, 행복과 불행을 결정하는 데 중요한 변수가 되기도 한다.

때로는 인생의 전환점에서 홀로 외롭게 서 있는 경우가 있다. 이때, 누군가를 만나 인생의 희망의 길을 찾게 된다면 그 사람을 귀인이라고 부른다. 그런 귀인을 만난다는 것은 인생의 큰 행운이지만, 귀인을 만날 준비가 되어 있는 사람만이 그런 사람을 만날 수 있다.

어떻게 해야 할지 모르는 막막한 상황에서 자신이 선택과 판단이 어려운 상황에서 누군가를 만나고 싶은 것이다. 자신의 인생의 방향을 결정하는 중대한 전환점에서 쉽게 결정을 내리지 못 하는 것은 자기에 대한확신이 적고 선택의 결과에 대한 두려움이 있기 때문이다.

우리가 걸어가는 인생행로에는 늘 평탄할 수는 없다. 전혀 예상치 못한 길에 접어들어 인생 자체가 피곤하고 안 풀리는 길에서 헤어나지 못하는 상황을 만나는 경우도 있게 된다.

그동안 자신이 갖고 있는 생각과 방향이 크게 변화하게 되는 대전환점을 맞이하기도 한다. 때로는 자신이 걸어 나가는 인생행로에서 고난과 좌절의 순간을 맞이할 수 있다. 이때, 자기 자신을 포기하지 않고 반전의 기회를 기다리는 용기와 인내가 필요하다.

학교 다닐 때 공부를 잘했던 학생이 사회에 나와서는 자신의 역량을 피지도 못하고 별 볼 일 없이 살아가는 사람도 있는 반면, 학교 다닐 때는 별로 두각을 나타내지 못했지만 사회에 나와서는 성공적인 삶을 당당하게 살아가는 것을 많이 보게 된다. 우리는 성공의 잣대를 어느 대학을 가는 것, 어느 전공 선택을 하는 것, 어느 직장에 들어가는 것 자체가 그 사람의 운명을 가름 짓는다고 생각하기 쉽다. 통상 그렇게 생각하는 것은 그 사회에서 주변 사람들과 인연을 맺고 살아가고 그곳에서 보고 들으면서 자신이 성장하기 때문이다.

마인드 업 – 어떻게 살아갈 것인가?

한국에서 '생각대로~', '꿈을 현실로~'라는 유명한 광고 카피가 대히트를 친 적이 있었다. 세상은 생각대로 풀리지 않는 경우가 있지만 자기 생각을 간절함을 갖고 실천하게 된다면 그 꿈은 현실이 되기도 한다. 오랫동안 한 번도 생각해보지 않았던 작은 계기가 발상 전환의 기회가 되어 인생행로에 있어 변화를 맞이하기도 한다.

'어떻게 살아갈 것인가?'에 대한 계획이 나올 수 있는 마음가짐은 앞으로 길을 걷는 데 있어 원동력을 제공해준다.

생각이 바뀌면 세상을 보는 시각이 달라지고 새로운 세계를 접하게 되고 자신의 꿈이 만들어지기 시작한다.

궁즉변 궁즉통(窮則變, 變則通), 궁하면 변하고 변하면 통한다는 말이다.

세상에 다가서는 간절함이 변화를 불러일으키게 된다. 그것이 인생의 전환점을 스스로 만들어지고 세상과 통하는 지름길이다. 이런 전환된 생각으로 스스로 해나가겠다는 방향이 정해져야 그것을 추구하겠다는 생각이 들게 된다.

이것이 어떻게 살아야겠다는 마음가짐이 생기는 단계, 마인드 업(mind up)이다.

성공적인 마인드 업을 위해서는 스스로 자기 최면을 걸어야 한다. 생각을 좋은 쪽으로 생각하면 좋은 결과로 이어지고 나쁜 쪽으로 생각하면 나쁜 결과를 낳게 된다.

우리가 인생의 전환점을 맞이하여 성공적으로 이끌기 위해서는 그것을 받아들일 수 있는 용기와 실천이 중요하다. 그것에는 포기하지 않는 노력이 따라야 한다. 그럼으로써 자신이 스스로 변화하고 인생의 긍정적인 전환점으로 만들어야 한다. 머릿속에서 가끔 떠올랐다가 사라지는 수많은 생각만으로는 전정한 변화를 만들어낼 수 없다. 그렇게 했을 때 우리의 의욕 있는 마음이 정해지고 인생을 어떻게 살아야겠다는 구체적인 계획이 나오게 되는 것이다. 사람의 능력은 무한하다.

여기서 가장 중요한 것은 실천이다. 실천하지 않은 생각은 허상에 불과하다.

행동으로 옮기고 꾸준히 노력해야 한다. 아무리 큰일도 작은 출발로부터 시작된다. 출발하지 않는 것은 아무런 의미가 없는 무용지물에 불과한 것이다. 가다가 힘들고 지쳐도 포기하지 않는 끈기가 필요하다.

**터닝포인트 → 마인드 업 → 실행 → 꾸준한 노력 →
성취를 통한 즐거움 → 인생의 성공과 행복**

인생의 성공과 행복 프로세스를 가기 위해서는 스스로 깨어나고 행동으로 나서야 한다. 항상 배우겠다는 열린 마음이 가져야 한다.

청년이 살아야 나라가 산다

우리가 인생을 걸어가는 데 있어 서로 배우고 같이 성장하는 두 가지 고사성어가 있다.

삼인행필유아사(三人行必有我師),

세 사람이 같이 가면 반드시 나의 스승이 있다는 뜻으로 어디라도 자신이 본받을 만한 것은 있다는 말이다.

교학상장(教學相長),

가르치는 사람과 배우는 사람이 같이 성장한다는 말이다. 늘 주변으로부터 배우는 자세를 갖고, 서로 간 배움을 나누는 것이 성공으로 가는 인생행로에 중요한 원동력이 되는 것이다.

인생에서 성공하는 자와 그렇지 않은 자는 차이는 마음가짐에서 차이 난다고 볼 수 있다. 그 차이의 정도의 미미해서 종이 한 장 차이 밖에 안된다. 하지만 결과는 인생 성공의 길에서 극명하게 나타나게 된다.

03

나의 꿈, 나의 로드맵

늦었다고 할 때가 가장 빠를 때다

2030시기는 대학을 다니거나 대학을 나와 직장 초년생으로 자리를 잡아가는 시간이 되고 있다. 이 시기는 사회적으로 아직 미완의 단계이기도 하다. 그런 만큼 앞으로 살아가야 할 방향과 인생 설계가 필요한 시기이다.

누구나 자기 인생을 성공적이고 행복하게 살아가고 싶은 것이 기본적인 욕구일 것이다. 그런 성공되고 행복한 인생을 살기 위한 꿈을 만들어가야 한다.

과연, 그 꿈을 어떻게 만들까?

현재 대학을 다니는 대학생이라면 누구나 고등학교를 마치고 대학 입학 시험을 거쳐 대학에 입학하게 된다. 대학 입학 후 첫해 1학년은 어떻게 지났는지도 모르게 어느덧 1년이 지나가기 일쑤이다. 우리가 대학을 입학하여 앞으로 자기 자신의 진로에 대해 고민하고 인생행로의 그림을 그려나가는 과정이 필요하다. 하지만 대학을 입학하자마자 주변에서 들려오는 소리는 온통 취업에 관한 애기뿐이다. 어떤 기업에 취업을 해야 하는 건지 생각할 여유도 없이 취업준비에 돌입하게 된다. 대학이 성공적인 취업을 위한 준비과정으로 여겨지는 현실적인 분위기에서 마음만 바쁘기 마련이다.

나에게 진정한 꿈은 어떤 것인가?
앞으로 어떻게 살아야 하는 것인가?
진정한 나의 삶의 가치는 무엇인가?
좋은 직장에 취업하면 성공적인 인생인가?

많은 생각이 머릿속에서 떠오르다 사라지고, 또다시 반복해 머릿속만 복잡하게 만든다.

늦었다고 할 때가 가장 빠를 때라고 한다. 지금껏 구체적으로 자신의 꿈을 정립 못 했다면 지금 정하면 되는 것이다. 그것이 우리 인생을 참답게 살아가는 지름길이다.

지금 이렇게 선언해보자.

'나는 내 인생의 주인공이다!'
'나는 늘 푸른 청춘이다!'

성공적으로 살아가는 사람은 과거보다는 오늘 현재를 중요하게 생각하고 산다. 오늘이 분명한 사람은 내일에 대한 자신감이 넘치고 밝은 미래의 꿈과 희망을 얘기할 수 있다. 오늘이 있는 사람은 꿈과 희망이 있는 사람이고 활기찬 인생을 살아가는 사람이다.

2030, 꿈을 설계할 시간!

2030시기에는 앞으로 자기 인생의 꿈을 설계해야 한다. 그 꿈의 설계가 빨리 되었다면 그 만큼 빨리 자기 자신이 잡아갈 수 있다. 자기 자신이 주인공으로 살아가야 할 인생지도 즉, 인생 로드맵(life road map)을 설계가 되어 있는 사람은 성공적이고 행복한 인생을 살아갈 수 있는 사람이 되는 것이다.

필자는 GLP프로그램에 참가하는 대학생들에게 각자 꿈의 계획서를 직접 작성하도록 하고 있다. 이것은 반드시 손으로 작성하도록 하고 있다. 머릿속으로 생각하는 것은 잊어버리기 쉽고 정리가 잘 안 된다. 손으

청년이 살아야 나라가 산다

로 직접 쓰는 것은 명확하고 구체적인 꿈을 그리는 데 결정적으로 도움이 된다.

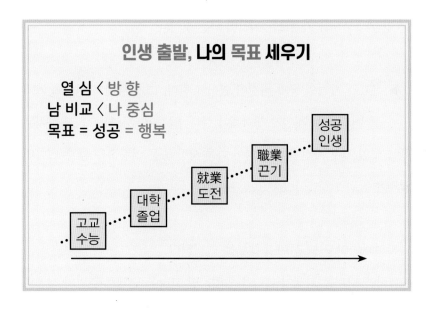

나의 꿈(목표) 만들기 TIP

▶ 어떤 일에 열심히 하는 것보다 방향성이 중요하다. 방향을 갖지 않고 열심히 하는 것은 무모하고 비현실적으로 흐르기 쉽다. 우물을 팔 때 물이 나올만한 곳에서 파야 물줄기를 잡을 수 있다. 어떤 일을 할 때 일하는 과정을 통하여 어떤 결과를 도출할 수 있을까 하는 방향을 갖고 열심히 해야 한다.

▶ 인생 계획을 세울 때 남과 비교하는 것이 아니라, 자기중심으로 설계해야 한다. 남과 비교하기보다는 내가 앞으로 어떻게 인생을 살 것인가를 설계해야 한다. 내 인생의 주인은 나 자신이며, 다른 사람과의 비교는 인간의 불행을 가져오는 씨앗이 되는 것이다.

▶ 목표는 자기의 꿈과 비전이 있어야 한다. 그것은 삶과 인생의 가치(value)를 어디에 둘 것인가 생각해야 한다. 인간이 추구하는 최고 가치는 행복에 있으며, 자신이 하는 일이 다른 사람 좋은 영향력을 줄 수 있다면 그것은 참된 인생을 살았다고 할 수 있다.

직업(職業)이 인생 전체의 행복을 결정한다

대학을 다니는 학생이 대학을 졸업하면 그다음 단계로 취업의 세계로 들어가야 한다.

우리에게 취업은 어떤 의미일까?

한자로 풀어보면, 취업(就業)에서 취(就)는 앞으로 나간다, 좇는다는 의미이며, 업(業)은 자신이 하는 일(Job)을 의미한다. 업(業)을 불교에서는 인간이 해낼 수 있는 가장 고귀한 행위라고 말한다.

청년이 살아야 나라가 산다

"저는 이 일을 평생 업(業)으로 삼고 있습니다."

자기 인생에서 가장 중요하고 가치 있는 일을 하고 있다는 것이다.

"저, 이번에 취직(就職)했습니다."

여기에서 취(就)는 앞으로 나간다. 직(職)은 일(work)의 직분(position)으로 취직은 일을 찾아간다는 의미로 쓰인다. 어떤 직(職)을 수행함에 따라 그에 맞는 대가, 보수가 따르게 되게 된다. 그래서 취직은 일을 통하여 돈을 벌어 생활한다는 의미가 된다.

예를 들어, 아르바이트한다거나 임시적으로 일을 한다는 것은 취업을 했다기보다는 취직을 했다는 의미를 뜻한다.

평생 자기 자신이 가야 하는 길을 찾아 취업을 통하여, 전문성을 갖고 그것이 자신의 생업이 된다면 비로소 직업(職業)이 되었다고 할 수 있다.

직업은 직(職)+업(業)으로, 자기 자신이 추구하는 업을 갖게 되어 일을 통해서 생계를 이어가고 평생 동안 즐거움과 행복한 인생을 살 수 있는 단계에 이르게 되는 것이다.

"역시, 직업은 못 속인다."

직업은 우리의 삶의 중요한 한 부문으로 생활 속에 깊숙히 들어가 있다. 직업은 자기 인생에서 중요한 역할을 하게 되며 그 사람의 윤택한 생활과 인생의 행복의 척도를 나타나게 된다.

일을 하는 곳을 직장(職場)이라고 한다. 우리가 돈벌이로서 일을 하거나 직업으로 일을 하는 일터(work place)가 직장이 되는 것이다.

그래서 사람들은 대부분의 시간을 직장에서 보내게 된다. 그 직장에서 활동을 통해서 다양한 세계를 접촉하게 되고 많은 사람들과 인적 네트워크를 쌓게 되는 것이다. 그래서 어떤 직업을 갖고 있느냐, 어떤 분위기의 직장을 다니고 있는가에 따라 그 사람의 생활, 교양, 품성, 사회적 지위가 정해지는데 중요한 가늠자 역할을 하게 된다.

그만큼 사람이 태어나 사회 활동하는 가운데 취업, 취직, 직장, 직업은 우리 인생을 풍요롭게 만드는 중요한 요인이 되고 있다.

앞으로 우리는 4차 산업혁명으로 수많은 일자리가 사라진다는 예측이 나오고 있다. 지금껏 살아오면서 경험했던 전통적인 일자리는 순식간에 사라질 것이다. 이런 시대적인 변화 속에서 자신이 좋아하는 분야의 직업을 갖는다는 것은 무엇보다도 중요하다.

일을 통하여 즐거움을 얻고 그것으로 평생 동안 인생을 살아가는 직업을 된다는 것은 최고의 행복에 이르는 중요한 척도가 되는 것이다.

청년이 살아야 나라가 산다

자기가 좋아하는 일을 한다는 것은 그만큼 일의 효율이 높고 자기의 능력이 한층 개발되기 쉽다는 것이다. 몸이 힘들고 지쳐도 견딜 수 있는 에너지가 용출된다. 반대로 하고 싶은 않은 일을 억지로 마지못해한다면 얼마나 불행한 일인가. 그것은 일의 능률의 오르지도 않을 뿐 아니라, 과도한 스트레스가 작용하면 건강에 지대한 영향을 미치고 불행한 인생을 살게 된다.

우리가 살아가면서 인생의 성공개념이 개인에 따라 달라질 수는 있다. 왜냐하면, 각자 추구하는 세계가 다르고 성공의 기준도 다를 수 있기 때문이다.

인생의 진정한 성공이란 개인이 추구하는 성취를 즐거움을 통하여 느끼는 마음의 기쁨이며, 그 즐거움과 기쁨이 지속되는 단계가 행복이다. 그것이 우리가 추구하는 직업의 세계가 되는 것이다.

04

평생 직업에 목숨 걸어라

평생직장이 아니라 평생 직업이 필요하다

"평생직장은 없다. 평생 직업을 찾아라!"

이런 얘기를 많이 듣게 된다. 집안에서 부모님으로부터 또는 학교에서 교수님으로부터 또는 주변 선배로부터 이런 얘기를 안 들어본 적이 없을 정도이다. 그만큼 산업의 트렌드가 변하고 기업의 고용형태도 변해서 한 번 입사하면 그 기업에서 정년까지 할 수 있는 기업은 없어진다는 뜻이다. 또한, 앞으로 다가오는 4차 산업혁명의 세계에서 살아남기 위해서는 더더욱 그렇다. 자신이 평생 동안 할 수 있는 일을 정해서 평생 직업을 갖게 된다면 그만한 행복하고 성공된 인생을 살 수 있는 것이다.

지금도 평생직장의 개념이 사라진 지 오래되었다. 한국에서 30대 기업에 입사하게 된다면, 가문의 영광이라고 할 수 있을 정도 누구나 알아주는 기업임에는 틀림없다. 하지만 한국의 대학생들이 그토록 목매고 취업한 30대 기업의 평균 근속연수가 10년이 채 안 되게 나타난다.

대기업일수록 피라미드 구조의 조직으로 어려운 입사시험을 거쳐 임원까지 가는 경우는 100명 중에 1명에 이르고 있다. 사장까지 이르는 사람은 1만 명당 3명에 불과하다.

만약 27세에 입사하여 임원승진이 된다면 첫 관문인 상무까지 걸리는 시간은 24년이 걸리는 셈이다. 그토록 힘들고 어렵게 입사를 하여 40대 초반에 승진 못 하면 어쩔 수 없이 직장을 떠나야 하는 것이 대부분이다.

이런 냉혹한 사회구조에서 오랫동안 해 나갈 자기만의 평생 직업을 갖는다는 것은 인생의 큰 성공이자 행복의 길을 갖게 되는 것이다.

인생로드맵을 통해 평생 직업을 찾아라

그런 평생 직업을 갖기 위해서 우리는 이렇게 말하고 있다.

▶ **좋아하는 일을 찾아라.**
▶ **자신이 잘할 수 있는 일을 찾아라.**

▶ 그것을 인내심을 갖고 꾸준히 노력하라.

아마도 이 문구는 이미 귀에 익숙하게 들어왔고 이것을 모르는 사람도
없을 것이다.

평생직장은 없다 평생 직업에 목숨 걸어라!

- 좋아하는 일을 찾아라

- 자신이 잘할 수 있는 일을 찾아라

- 인내심을 가지고 꾸준히 노력하라

하지만 이 문제를 깊게 생각해보고 구체적인 계획을 세워본 사람은 상
대적으로 적은 것 같다. 또한, 이런 것들을 머릿속으로만 생각하면 구체
적으로 그려보지 않는다. 그저 머릿속에서 빙빙 돌다가 사라지기 일쑤
다. 머릿속으로 생각하기보다는 직접 손으로 쓰게 되면 자기 자신에 대
해 좀 더 깊게 그려볼 수 있다.

청년이 살아야 나라가 산다

지금이라도 자신을 돌이켜보고 자신이 앞으로 나가는 방향을 생각해보도록 하자. 자신에 대해 진지하게 생각해보고 자신이 좋아하는 일과 잘할 수 있는 일을 찾아 생각하는 것을 손으로 직접 써보도록 하자.

내가 정말로 좋아하는 일이 무엇일까? 잘할 수 있는 것은 어떤 것인가?

곰곰이 자신을 돌이켜보면서 인생 로드맵을 설계하고 자신이 평생 가져가야 할 직업을 찾는데 골몰해야 한다. 세상의 시대 흐름을 예측하고 자신에게 맞는 전문성 있는 직업은 갖는 것은 인생을 성공적으로 이끌어가는 핵심요소가 될 것이다.

우리가 어떤 일을 좋아하고 그것이 인생의 직업으로 가기 위해서는 좋아하는 것에 대한 분별이 필요하다. 우리가 좋아하고 즐기는 것은 취미가 될 수 있다. 하지만 취미와 직업은 다르다. 좋아하는 일이 노래 부르기가 취미가 될 수 있지만, 전문적인 직업인 가수가 되는 것은 다르다. 좋아하는 일이 직업으로 연결되어 살아간다면, 그것은 삶의 즐거움과 행복한 인생을 보내게 된다.

생생지락(生生之樂)이라는 말이 있다.

자신이 하는 일을 통하여 살아가고 그것이 즐거운 일이라면 인생의 최고 행복의 가치가 되는 것이다. 우리는 그런 일을 찾아가야 인생의 진정한 성공과 행복에 이르게 된다.

나의 꿈 ☆ 만들기

내가 좋아하는 것	내가 잘할 수 있는 것	직업이 될 수 이있는 것
1	1	
2	2	
3	3	
4	4	
5	5	
내가 꼭 해보고 싶은 일		

★★ 내가 좋아하는 것과 잘할 수 있는 일을 발견하고, 그것이 직업이 된다면 인생 최고의 성공과 행복이 되는 것이다. ★★

청년이 살아야 나라가 산다

05

약자가 강자를 이기는 법

흙수저는 죽을 때까지, 대를 이어 흙수저일까?

최근 한국 사회에서 큰 이슈가 되는 것은 이른바 '금수저'와 '흙수저'론
이다.

부(富)의 대물림이 교육의 대물림으로 이어지고, 그 교육의 정도에 따
라 취업에 유리함으로 그것이 기득권으로 자리 잡게 되는 것이다. 청년
들이 가장 어렵게 생각하고 취업시장에서도 아버지의 사회적 지위가 취
업에서 유리하게 작용할 수도 있는 것이다.

우리 사회는 급기야 계급장이 없는 계급사회로 고착되어가는 것 같다.
'금수저', '은수저', '흙수저'에 중간세대인 '합금수저', 더 이상 갈 곳이 없
는 '똥수저'까지 각종 수저가 유행어가 등장하게 되었다.

결국 '금수저'는 돈 많고 출신 성분 좋아 태어날 때부터 이미 좋은 여건 속에서 태어난 사람이지만, '흙수저'는 돈도 배경도 기대할 수 없는 별 볼일 없는 사람으로 살아가는 것으로 대별되어 가고 있는 실태이다. 어느 초등학교 학생에게 장래 희망을 물어봤더니 "재벌 2세가 되는 것이 꿈인데 우리 아빠가 노력을 안 해요." 하더라는 자조적인 우스갯소리가 나오는 것이다.

한편으로, 부모님 말씀대로, 열심히 공부하고 노력해도 도저히 수저 색깔을 스스로는 바꿀 수 없을 것은 생각이 든다는 것이다. 쨍하고 해 뜰 날 같은 기회는 나에게는 오지 않을 것 같은 생각에 사로잡혀 나날을 보내는 것이 많은 청년들이 많다는 것이 현실이다.

지금 한국 사회에서 부의 대물림, 학력과 계층 대물림, 직업의 대물림 현상이 앞으로도 계속 갈 것인가?

하지만 '흙수저'에게도 희망은 얼마든지 있다. 나이가 어느 정도 들어 동창회에 나가보면, 학교 다닐 때 공부 잘했던 친구가 평생 월급쟁이 하다가 퇴직 후 별다른 하는 일 없이 풀 빠진 모습으로 나타나는 모습을 마주치게 된다. 또 하나는 학교 다닐 때 공부에 관심이 없었고 말썽꾸러기였던 친구가 사회 나와서 성공한 모습으로 한턱 쏘는 모습을 흔하게 볼 수 있는 것이다. 부잣집 아들로 태어나서 친구들 사이에서 부러움을 한

청년이 살아야 나라가 산다

껏 받고 자랐던 사람이 어찌된 일인지 왕창 망했다는 얘기가 들려오고, 동창회에 나타나지도 않은 경우는 흔한 일이 되고 있다.

인생은 마라톤이라고 한다.

인생은 단거리가 아닌 장거리 달리기와 같은 것이다. 100미터 같은 단거리는 폭발적인 순발력이 필요하지만 42.195킬로미터의 장거리는 지구력이 중요하다. 오늘 내가 좀 뒤처져 있다고 해서 미리 포기한다면 인생의 마지막 골인까지 못가고 나락의 늪에 떨어지게 된다.

끝까지 해보겠다는 근성(根性)이 필요하다. 근성은 뿌리의 성질로 뿌리가 깊으면 깊을수록 흔들림이 적다. 우리 인생에서도 얼마든지 역전이 가능한 것이다. 인생은 롤러코스터와 같아서 '흙수저'가 '금수저'로 될 수 있고, 지금의 '금수저'도 얼마든지 '흙수저'로 떨어질 수 있다.

학교에서 열등생 C 학생이 우등생 A 학생을 이기는 비결이 있을까?

어떤 경우가 공부를 못했던 학생이 성공을 할 수 있는 비결을 IT 전문가이자 자유 기고가로 활동하고 있는 '파울라 톰슨' 기자가 각종 칼럼을 모아 제공하는 '라이프 핵'에 올린 글을 인용해본다.

학교에서 열등생 C 학생들이 세상에서 크게 성공하는 이유

◆ C 학생은 남들보다 자신이 원하는 것을 더 일찍 파악한다

C 학생들은 자신에게 불필요하다고 생각되는 공부엔 많은 시간을 들이지 않는다. 모범적인 A 학생은 모든 과목을 공부 잘하면서 모든 교사들의 칭찬을 받으며 부모에겐 자랑거리가 된다. 이는 다시 말해 사회 시스템과 교사, 부모가 원하는 것에 자신을 잘 맞춰갈 수 있다는 의미다.

남들에게 잘 맞춰가는 만큼 월급쟁이로선 최고다. 하지만 새로운 기업을 세우고 시스템을 창출하고 변화를 만들어가는 데는 부족할 수밖에 없다. 틀에 따르기보다 자신의 욕구를 따르는 C 학생이 혁신에선 더 앞서 나갈 수 있다.

◆ C 학생은 직접 경험이 많다

A 학생은 학교 다닐 때 '공부만' 한다. 반면 C 학생은 친구들과 어울려 놀고 아르바이트도 해보고 춤이나 게임, 영화, 노래, 아이돌 등 공부에 방해가 되는 취미에도 빠져본다. 공부 외에 실생활 경험이 많기에 사회에 빨리 적응할 수 있다. A 학생은 추상적인 지식이 많아 이론에 강한 반면 C 학생은 순발력과 상식, 경험을 통해 실전에 강하다고 할 수 있다.

◆ C 학생은 네트워크를 구축한다

어른들이 좋아하는 말 중에 '공부는 엉덩이로 하는 것'이란 게 있다. A 학생은 책상 앞에 엉덩이를 붙이고 앉아 학교와 교육 시스템이 요구하는 온갖 쓸데없는 지식까지 달달 외운다. 인터넷을 찾으면 금세 나올 지식

청년이 살아야 나라가 산다

도 오로지 좋은 점수를 받기 위해 시간을 들여 외운다. 반면 C 학생은 그 시간에 사람들과 만나고 자신이 좋아하는 일을 찾아 한다. 남들 눈엔 노는 것처럼 보이지만 그 놀이 속에서 자신의 길을 스스로 찾고 있는 것이다.

◆ C 학생은 인생을 즐길 줄 안다

행복한 사람이 그렇지 않은 사람보다 성공할 확률이 높다. 사람들은 밝고 긍정적이고 즐거운 사람과 함께 있기를 원하기 때문이다. C 학생은 자신이 좋아하는 일을 하면서 놀아본 경험이 많아 모범적인 A 학생보다 함께 있으면 재미있는 경향이 있다.

◆ C 학생은 가장 단순하고 쉬운 해법을 찾아낸다.

발명왕 에디슨이 박사 출신의 연구실 직원에게 전구 하나 주면서 부피를 재달라고 했다. 이 직원은 온갖 수식을 동원해 부피를 계산하기 시작했다. 잠시 후 에디슨이 "아직 안 됐나?"라고 묻고는 직원이 써놓은 수식을 보고는 깜짝 놀랐다.

"비커에 물을 따라 전구에 물을 부어보면 금세 부피가 나올 텐데 왜 이런 고생을 하고 있나?"

에디슨은 초등학교 중퇴자이다.

세계 최고 부자인 빌 게이츠는 이렇게 말했다.

"나는 언제나 어려운 일을 맡길 때 가장 게으른 사람을 선택한다. 그 사람이 가장 쉬운 방법을 찾아내기 때문이다."

한국 사회에서도 비주류가 주류를 누르고 세상의 무대에서 스포트라이트를 받는 경우가 자주 등장한다. 가끔 매스컴에 고졸 신화라는 말이 나오기도 한다. 가정형편이 어려워 정상적으로 대학을 가지 못하고 직장을 다니면서 주경야독하여 행정고시에 합격한 뒤 장관까지 오른 입지적인 인물을 소개할 때 고졸 신화라는 소개가 된다. 그만큼 우리 한국 사회가 대학을 나오지 않고는 정상적으로 올라가기가 어렵다는 얘기를 반증해주고 있다.

또한, 순경 출신으로 경찰의 최고 총수인 경찰청장에 올랐다고 대서특필한 내용도 가끔 등장한다. 군대 조직에서 최고 위치인 합참의장에 정규 사관학교를 나오지 않고 비 사관학교 출신이 임명된 일도 하나의 뉴스거리가 되기도 한다. 그것은 이 사회의 주류를 형성하고 있는 사회 분위기에서 비주류로 치열한 경쟁을 뚫고 정상에 오르기가 어렵다는 얘기이기도 한다.

청년이 살아야 나라가 산다

하지만 주류층을 배출하는 엘리트 코스를 밟았어도 정상 근처에도 못 가고 중도탈락한 사람들도 부지기수에 이르고 있다.

바닥에서부터 올라와 성공한 사람들의 비결

비주류로 성공한 사람들은 자신의 남다른 비법이 갖고 있다.

대부분은 자신은 치열한 조직 세계에서 치열한 경쟁에서 항상 약자가 될 수밖에 없다는 것을 잘 알고 있다. 그러기에 그에 맞는 생활습관과 패턴을 충분한 자기 관리가 철저한 사람들이다. 누구보다도 근면하고 늘 노력하며 겸손한 것이 공통적이다. 이렇게 비주류가 주류를 누르고 세상 무대의 중앙으로 나선 사람들에게 성공비결을 물으면 운이 좋았다고 말을 하는 경우가 많다.

대체로 겸손한 표현을 많이 사용한다. 그들은 스스로 관운(官運)이 있다고 하고 세상의 흐름의 타이밍을 잘 타는 시운(時運)를 가졌다고 한다. 하지만 아무리 여건이 좋고 했다 할지라도 자신이 갖고 있는 그릇이 운을 받을 수 없다면 결국 등극이 안 되는 것이다. 그들은 기본에 충실하다.

그들은 대개가 인생을 바른길 즉, 정도(正道)로 걷기를 좋아한다. 그러다 보니 어떤 기회가 잡게 된다. 그때를 놓치지 않고 잡아내고 만다.

우리가 살고 있는 사회는 소수의 강자와 절대 다수의 약자가 살아가는 사회라는 것을 인정하는 것이 차라리 마음이 편하다. 이런 사회구조를 한탄하기보다는 약자로 태어났지만 어떻게 강자를 이길 수 있는 비책을 강구해야 한다.

그것은 우리의 마음가짐과 생활습관에서 나온다. 머릿속으로 뱅뱅 도는 생각보다는 작은 것이라도 행동으로 옮기는 실천이 중요하다.

『부자습관(RICH HABITS)』을 저술한 토머스 콜리는 자수성가한 백만장자 177명을 분석하고 그들의 생활습관을 분석하였다. 그들은 생활 습관 면에서 분명 뭔가 달랐다. 그것은 무척 어려운 것이 아니며, 몸에 배어 꾸준히 자기 자신을 가꾸어왔던 것이 성공의 비결이 되었다.

자수성가 백만장자 생활습관 10가지

□ 독서하기

성공한 사람들은 인물의 전기, 자기계발, 역사 등 다양한 책을 많이 읽는 습관이 있다.

□ 운동하기

매일 30분 이상 유산소운동을 한다.

□ 일찍 일어나기

하루 일과 시작 전 최소 3시간 전에 일어난다.

□ **자신만의 목표 세우기**

자신의 목표를 열정적으로 쫓아가며 이룩한다.

□ **15분 생각하기**

매일 아침 혼자 생각하는 습관을 갖는다.

□ **예의 지키기**

성공하려면 예의범절에 갖춘다. 감사편지, 기념일 챙기기, 때와 장소
에 맞는 옷차림, 매너 등 예의를 지킨다.

□ **멘토 만들기**

자기가 힘들게 배운 교훈을 알려주고, 귀인을 만나는 데 노력한다.

□ **무리를 따르지 않기**

대부분 사람들은 기존에 소속에 속하고 싶어 하지만 성공하는 사람들
은 새로운 집단을 만들고 새로운 사람들과 융합한다.

□ **타인의 성공을 돕기**

좋은 사람을 만나 타인의 성공을 기쁘게 생각하고 그들을 돕는 데 앞
장서며 그것이 곧 자신의 성공이라고 믿는다.

□ **피드백의 귀를 기울인다**

일을 마치고 좋은 결과이든 나쁜 결과이든 피드백을 중시하고 개선점을 찾는다.

독자 여러분 자신이 몇 개 이상 해당되는지는 √ 체크해보자. 당연히 많으면 많을수록 성공한 자수성가한 사람들과 같은 생활습관을 갖고 있는 것이다. 그만큼, 성공할 수 있는 가능성이 높다.

대부분의 백만장자는 자기관리가 철저한 사람들이다. 그들은 사소하고 작은 생활습관부터 자신을 만들어 왔고, 그것이 성공된 인생을 사는데 초석이 되었다.

청년이 살아야 나라가 산다

06

뿌리 깊은 나무는 흔들리지 않는다

인생 뿌리가 튼튼해야 덜 흔들린다

대학을 졸업하게 되면 취업준비를 하거나 또는 취업에 성공하여 첫 직장을 다니게 된다. 경우에 따라서는 대학원에 진학하거나 창업의 길을 가기도 한다.

누구나 대부분 이 중에 하나를 택하게 된다. 이런 것 중의 어느 하나도 정하지 못하고 살아간다면 백수의 길을 걷게 될 것이다

인간은 사회적 동물이라고 한다.

사람으로 태어나서 아무런 활동을 하지 않고 살아간다면 그것은 정상적인 사회생활이 아니며 또한, 현실적으로 그렇게 살아갈 수도 없는 것이다. 사회적 활동이란, 어느 형태이든 하나의 목적을 갖는 일을 통해 시

작된다. 사회적 활동을 통하여 사회 네트워크가 형성되면서 활동범위가 넓어지게 되는 것이다.

그래서 대학을 졸업 후에 자신의 일자리를 찾아 인생을 영위하는 직업을 얻기 위한 준비는 무엇보다도 중요하다.

우리가 사회인으로 평생 활동하는 일에 다가가기 위해서는 첫 번째 관문이 취업이다. 자신 앞으로 펼쳐질 사회활동의 중요한 시험대가 되기도 한다. 요즘같이 어려운 취업 시장에서 취업 관문을 통과한다는 것은 한 인간으로서 당당한 사회인으로 진입을 선포하는 중요 단계가 된다.

사람이 살면서 첫 번째라는 것은 특별하고 중요한 의미를 지니고 있다. 첫 번째 만남, 첫사랑, 첫 번째 계약 성사 등 첫 번째 의미는 우리에게 큰 의미를 주는 경우가 많다.

그래서 대학을 졸업하고 사회에 나가면서 처음으로 갖는 일자리인 첫 직장은 인생 출발에 있어 매우 중요한 의미를 주고 있다. 왜냐하면 첫 직장이 사회생활의 기반을 닦는 중요한 계기를 만들어주기 때문이다. 건물을 지을 때 기초가 해야 건물을 쌓아 올라갈 수 있듯이 성공적인 인생 출발에서도 기본이 되는 것이다.

필자가 이전에 근무하였던 대우자동차는 한국 내수시장에서 현대자동차, 기아자동차에 밀려 늘 고전을 면치 못하였다. 내수 한국시장에서는 만년 꼴찌였다. 이런 상황을 극복하기 위해 대우자동차에서는 부품공급, 조립생산, 판매, AS 등의 일체화를 강조하며 내세운 구호가 있었다.

"기본에 충실하자!"

회사 내 어느 곳에서나 걸려 있었던 구호였다.

어떤 일이든지 출발점 있고 일정한 과정을 거쳐 결과가 나오기 마련이다. 그렇기에 이 세상의 모든 문제는 반드시 원인이 있다. 결과는 눈에 쉽게 보이지만, 원인은 눈에 잘 보이지 않는다. 작은 일, 첫 출발의 마음가짐이 매우 중요함을 강조하는 것이다.

이런 노력의 결과인지, 대우자동차의 일부 차종은 막강한 경쟁사를 물리치고 내수판매 1위를 차지하기도 했다.

우리가 쉽게 지나쳐버릴 수 있는 기본은 나무의 뿌리와 같다. 아무리 큰 나무도 작은 씨앗으로부터 출발한다. 씨앗에서 작은 싹이 솟아 나와 땅속에 뿌리를 뻗기까지는 어느 정도 긴 시간이 필요하다. 이 시간이 중요하다. 나무의 뿌리가 깊고 튼튼해야 바람이 불어도 덜 흔들린다. 뿌리가 튼튼한 나무는 줄기도 튼튼하고 가지를 무성하게 번창할 수 있는 것이다.

3년 고개, 1만 시간의 법칙은 근성을 쌓는 시간이다

어떤 일을 하든 어떤 공부나 운동에서 기본이 있어야 하고 기초가 단단해야 한다. 충분한 기초를 다지기 위해서는 충분한 시간이 필요한 것이다.

아름다운 발레를 하는 무용수의 동작 하나하나가 처음부터 나온 것이 아니다. 그러나 관중에게는 그 동작을 연출하기 위해 무용수가 들였던 피나는 노력과 땀보다는 아름다운 동작이라는 결과물만 보일 뿐이다. 객석에서 즐기는 관중은 아름다운 동작에 도취되어 있다. 아름다운 동작을 낼수록 감탄사가 쏟아지고 관객들은 뜨거운 박수로 응답한다.

대학을 졸업하고 회사에 입사하여 전문가로 성장하는 과정에도 반드시 거기에 투입되는 노력과 시간이 필요하게 된다. 이것은 개인 사업에서도 마찬가지다. 어떤 일에 자리 잡고 전문가의 길로 들어가기 위해서는 일을 시작 후 3년 고개를 넘어야 한다.

대략 3년 정도 한 분야에 몰입했을 때 자기가 하는 일을 어느 정도 이해하는 단계가 된다. 그래서 회사에 입사할 때 처음 선택하는 회사가 매우 중요하다. 급한 마음에 우선 붙고 보자는 식으로 지원하여 입사하게 된다면 얼마 못 가 자신이 생각과 현실 세계가 다르다는 이유로 중도에 그만두게 된다.

청년이 살아야 나라가 산다

앞에서 소개된 내 딸의 이야기이다. 대학에서 제품디자인을 전공하고 첫 직장으로 한국에서 유명 모 화장품회사 디자인실에 인턴으로 들어가게 되었다. 나중에 알았지만, 인턴으로 입사는 정식 입사시험보다 더 치열한 경쟁을 뚫어야 해서 인턴으로 근무한다는 자체가 대단한 것이라고 한다. 그러나 결론적으로 말하면 그토록 어렵게 들어간 회사를 1년 반에 퇴사하게 되었다.

딸아이가 밝힌 퇴사 이유로 가장 큰 것으로 회사 상사와 맞지 않아 스트레스가 너무 크다는 것이고 한다. 모든 업무과정에 윗사람으로 일방적인 의사결정과 지시, 인격 모독적인 폭언에 대한 반감이 크다는 것이다. 두 번째는 과도한 업무량으로 매일 저녁 늦게 또는 새벽 1~2시까지 퇴근을 못 한다는 것이다.

딸아이가 나에게 회사를 그만둔다고 말하자 나는 말렸다. 아마도 보통의 아빠들은 당연히 그렇게 얘기할 것이다. 나는 강조했다.

"직장이라는 곳은 다 그렇단다. 참고 견디다 보면 더 좋은 날이 있을 수 있고…. 무엇보다도 1년 반 만에 직장을 그만두는 것은 손실이 크다. 다시 생각해봐라."

그러자 딸아이는 단호했다.

"일이 많고 힘든 것은 얼마든지 참아낼 수 있어요…. 하지만 상사라고 해서 인간적인 모욕감을 주는 것은 안된다고 봅니다. 제가 한두 번 생각해서 결정한 것은 아니에요!"

그리고 친구와 해외여행을 떠났다. 아빠로서 안타깝지만 더 이상 말릴 수가 없었다. 이후 전공을 살릴 수 있는 회사에 재취업이 되었기에 그나마 다행이라고 생각한다.

이렇게 신입으로 입사 후 1년 또는 2년 안에 퇴직하는 경우는 직장 내에서 상사와 직원 또는 타부서의 업무연계에 있어 대인관계에서 오는 스트레스가 퇴직 요인 중 가장 크다고 본다.

회사를 선택할 때, 자신이 그 일을 좋아하는 것인지 그 방향에서 자신의 인생을 발전하고 싶은 것인지 신중하게 생각해야 한다. 회사는 자기 일상생활에서 가장 시간을 많이 보내는 생활공간이 되고, 자기 인생 발전의 중요한 터전이 되기 때문이다. 그래서 첫 회사에서 최소한 3년 이상을 가능한 보내길 권장한다. 혹시 나중에 다른 회사로 이직하더라도 입사 후 3년 이상이 지나야 경력사원으로 인정받게 된다. 이 기간은 큰 나

청년이 살아야 나라가 산다

무로 보면 땅속에 뿌리를 내리는 것과 같은 시간이다.

심각한 취업난 속에서도 그토록 어렵게 입사한 경우에도 입사 후 1년도 안 되어 퇴직을 하는 경우가 허다하다. 취업포털 인크루트와 바로면접 알바앱 알바콜은 직장인 1831명을 대상으로 첫 직장 재직 여부를 조사했다. 전체 직장인 중 1년 미만 근무자 비율이 가장 높았다. 2년을 채우지 못한 비율은 63.8%로 절반을 넘겼다. 퇴사 사유로는 대기업의 경우 업무 불만족, 중견기업은 대인관계 스트레스, 중소기업은 연봉 불만족이 각각 1위를 차지했다. 이렇게 입사 후 얼마 안 되어 퇴직하는 경우는 개인에게도 문제가 되지만 기업 입장에서도 큰 손실일 수밖에 없다. 앞에서 말했듯 기업에서 경력 신입사원, 즉 올드루키를 선호하는 이유 중 하나이다. 하지만 경력사원도 신입사원으로 입사하여 수많은 업무적으로 어느 정도 수준에 오르기까지 수많은 경험과 시행착오를 거쳐 탄생한다.

말콤 글래드웰의 『아웃라이어』에서 '1만 시간 법칙'은 하루 3시간, 주 20시간씩 10년, 1만 시간을 투자해야 한 분야에서 성공할 수 있다는 말이다. 시간만으로 1만 시간이 아니라, 자기 하는 일에 집중적으로 몰입을 해야 전문성을 인정받게 된다. 직장에서나 개인 사업에 있어 순수 업무시간으로 매일 6시간 이상 몰입하여 5년을 하게 되면 1만 시간에 도달하게 되고 그 분야에서 전문가로 자리를 굳히게 된다. 그렇게 5년을 넘어

10년을 하게 된다면 명실상부한 전문가로 사업가로 자리 잡게 되는 것이다.

앞으로 다가오는 4차 산업 환경은 지금까지 인류가 한번 경험하지 못했던 세계이다. 바람이 거셀수록 나뭇가지는 흔들릴 수밖에 없다. 다만, 뿌리 깊은 나무는 거센 바람에도 견딜 수 있다. 그것이 바로 근성(根性)이다. 전문성을 갖고 있는 사람은 세상의 변화에도 적응할 수 있는 능력을 갖고 있다. 그 능력을 기르기 위해서 튼튼한 기초를 쌓아야 한다. 그것이 인생을 살아가는 데 기본이 되고 성공된 인생을 가꾸어나가는 데 초석이 되는 것이다.

청년이 살아야 나라가 산다

2020년 새해 첫날 일출, 상해 황포강 동방명주

Part 5

티핑포인트
실천하라! 세상이 뒤집힌다

01

2030시기에 생각해야 할 것들

일, 반려자, 돈, 인생에 대한 고민

20대, 30대는 사람으로 태어나 살아가는 데 가장 중요한 시기라고 할 수 있다. 이 기간은 앞으로 자기 인생을 성공적이고 행복하게 살아가는 데 있어 기본들이 만들어지는 시기이기도 한다. 그래서 청춘은 감수성이 풍부하고 청년은 패기가 넘쳐야 하는 이유이다. 나무로 보면, 가지가 무성하게 뻗어 나가고 앞이 싱그럽게 활짝 피어나는 시기이다.

20대는 앞으로 다가올 30대를 준비하는 과정이기도 하다. 학교에서 공부를 열심히 해야 하는 이유이다. 또한, 취업준비를 해서 성공적으로 회사에 입사를 해야 하는 중요한 시기이다.

삼십은 사회적으로 자리가 잡혀가고 독립적인 생활을 하는 시기이다. 공자(孔子)는 일찍이 연령을 구분 지을 때 삼십을 이립(而立), 사십을 불혹(不惑), 오십을 지천명(知天命), 육십을 예순(耳順), 칠십을 종심(從心)이라고 했다. 30대 이립(而立)의 세계는 사회적으로 경제적으로 독립된 삶을 살아야 하는 시기에 이른다는 것이다.

2030에 생각해야 할 것들

- 취업

- 결혼

- **돈(財物)에 대하여**

- 인생 로드맵 설계

앞으로 70년 성공적인 인생은, 30대에 결정된다

첫 번째, 2030에는 취업을 해야 한다.

자신이 앞으로 인생을 살아가면서 해야 할 업(業, job)을 찾아야 하는 시기이다. 사람이 자기가 하는 일이 없는 것만큼 불행한 것이 없으며 일을 하지 않고 덧없이 살아가는 사람은 진정한 인생이라고 볼 수 없다. 사람

청년이 살아야 나라가 산다

은 지식과 지혜를 갖고 있는 사회적 동물이다. 그래서 사람 간의 만남도 일을 중심으로 만나게 된다. 그것이 자신이 좋아하고 잘할 수 있는 일을 가지고 평생 살아가는 자신의 업(業)을 가진 사람은 행복한 사람이다.

취직(就職)으로 일자리를 얻고, 그것이 자신 인생에서 살아갈 진정한 직업(職業)이 되었다면, 그것은 하늘로부터 부여받은 천직(天職)이라고 볼 수 있다.

일자리를 잃은 사람을 실업자라고 한다.

이 세상에 직업이 없고 아무것도 하지 않고 지내는 사람은 인생의 가치를 논하기 어렵다. 실업자인데도 즐겁고 행복한 사람은 잘못된 것이다. 2030은 자기가 살아가야 할 업(業)을 찾고 그 일에 초석을 다지는 중요한 시기이다.

두 번째는 결혼이다.

취업을 한 뒤 나이도 어느 정도 들어가는 시기에 결혼을 하게 될 것이다. 인생을 살아가는 데 있어 누군가를 만나 사랑을 하게 되고 인생의 가장 중요한 배우자를 잘 만나는 것이 인생의 행복과 불행을 가름 짓는 핵심요소가 된다.

인생에서 좋은 반려자를 만나고 무한한 사랑을 나누는 일은 누구에게나 행복한 일일 것이다. 대부분의 사람들은 행복을 꿈꾸며 영원히 변치 않을 마음으로 사랑하는 사람과 결혼해 가정을 이루고 자녀를 낳아 기른다. 이렇게 소중한 사람과 행복한 가정을 이루고 살아간다면 그것이 곧 고귀한 인생의 첫 성공 행보가 될 것이다. 하지만 주변을 돌아보면 불행하게도 그토록 사랑하여 결혼했던 사람들이 갈등하고 다투고 이혼까지 이르러 가정이 파괴되는 것을 많이 보게 된다. 어떠한 결혼생활을 하게 될 것인지, 누구를 만나 어떤 삶을 살게 될지를 결정할 만남을 가지고 경험을 쌓는 과정이 2030에 이루어지기에 그만큼 중요한 시기가 되는 것이다.

세 번째, 돈(財物)에 대해서 공부가 필요하다.

인생에서 앞으로 살아가는 생활의 기본이 되는 돈에 대한 이해가 필요하다고 생각한다. 돈이란 무엇인가? 돈이 어떻게 만들어지고 쓰이는가? 돈을 어떻게 관리해야 하는가? 돈에 대해 관심과 이해가 필요하다. 우리가 생활하는 데 돈 없이는 살 수 없다.

돈은 인간이 살아가는 데 행복을 가져다줄 수 있는 도구이기도 하지만, 돈으로 가정이 망하고 인생 자체가 불행해지며 많은 범죄의 대부분이 돈 때문에 생겼고 인간관계가 깨지는 것 중의 상당 부분도 돈 때문에 발생하는 것이다. 돈이 많아서 사람이 교만해지고 인간관계도 소홀해져서 서로 싸우고 죽이기도 한다. 돈은 우리에게 정말 중요하면서도 한편

청년이 살아야 나라가 산다

으로는 무서운 것이다. 평생을 살면서 가장 중요하게 작용하는 돈에 대해 체계 있는 공부를 할 필요가 있다.

네 번째는 지금은 100세 시대다.

과학의 발전으로 우리 인류역사상 평균 수명이 가장 긴 시기를 맞이하고 있다. 이것은 인류의 과학 발전이 주는 선물이기도 하지만, 또 한편으로는 끔찍한 비극과 고통의 시간을 연장하는 재앙이 되기도 한다. 비전 있고 가치 있는 삶을 살기 위해서는 그만한 준비가 필요한 것이다.

지금 2030세대가 100세까지 산다고 했을 때 앞으로 살아갈 70년 이상을 얼마만큼 성공적이고 행복하게 살아갈 수 있을까? 이것은 2030의 준비 정도에 따라 결정된다고 해도 과언이 아니다. 그런 인생을 살아가기 위해서는 계획을 갖고 있어야 한다. 물론 아무리 잘 짠 계획이라도 그대로 이루어지지는 않겠지만, 그런 계획, 로드맵(road map)을 갖고 있어야 한다.

한 우물을 파야 한다는 얘기를 많이 듣게 된다. 우물을 팔 때 물이 나오는 순간까지 인내와 노력이 필요한 것이다.

가다가 생각대로 안 되면 잠시 돌아갈 수는 있다. 그러나 궁극적으로는 한 방향으로 포기하지 말고 꾸준히 가야 목표점에 도달할 수 있다. 그래야 어떤 분야에서 자기만의 영역이 만들어지고 전문가로 성장할 수 있다. 인생의 좋은 방향으로 꾸준히 갈 수 있는 인생 지도를 그려야 한다.

젊은 하루

유달영

그대 아끼게나 청춘을

…(중략)…

오늘도 가슴에 큰 뜻을 품고

젊은 하루를 뉘우침 없이 살게나

02

지금 세계는 넓고 할 일도 많다

새로운 역사는 어떻게 쓰이는가?

2019년 12월 12일, 김우중 전 대우그룹 회장의 영결식이 진행됐다. 조문객은 2,000여 명이었다. '세계경영'의 기치를 내걸고 오대양 육대주를 누비었던 대우그룹이 해체된 지도 20여 년이 지났다.

대우그룹은 1967년에 김우중 회장을 비롯한 5명이 사업을 시작하여 한국의 대표기업으로 성장했다. 대우는 주로 남들이 가지 않은 세계 오지에 진출하여 사업을 일구어 한국경제부흥에 많은 공헌을 했다.

당시만 해도 한국의 위상이 약했을 때라, 세계 어딜 가나 대우그룹 로고가 보이면 많은 한국인들의 가슴이 뭉클해졌던 추억이 있을 것이다.

대우가 '세계경영'의 깃발 아래 중국, 베트남, 필리핀, 인도, 폴란드, 체코, 루마니아 등에 자동차 공장을 세우고 회사를 직접 운영할 때 유럽의 많은 언론, 매스컴에서는 13세기 몽골의 칭기즈 칸 이래 동양인이 다시 유럽에 진출했다고 대서특필하였다.

한때 재계 2위까지 오른 대우그룹은 IMF 격랑 속에서 창립된 지 32년 만에 해체되었다. 오대양 육대주를 누비던 대우그룹은 비운의 역사 속으로 사라져갔다. 운명적으로 대우그룹은 해체되었지만, 대우의 정신만은 계승되어야 한다는 취지에서 '대우세계경영연구회'가 2009년에 발족되어 활동 중이다.

'대우세계경영연구회'에서는 한국의 청년들을 베트남, 미얀마, 태국, 인도네시아에 취업시키고 장래적으로 글로벌 사업가를 양성시키자는 GYBM(Global Young Business Manager)프로그램을 진행하고 있다.

GYBM은 2011년에 베트남에 처음으로 연간 40명 규모에서 현재는 100명 규모로 늘어났다. 이런 활동이 주변 국가에도 알려지게 되어 2014년부터 미얀마, 2015년부터 인도네시아, 2016년부터 태국으로 점차적으로 확대되었다. 현재까지 배출된 인원은 1,000명 이상이다.

세계경영, 글로벌 마케팅하면 떠오르는 대우그룹의 사훈을 생각해본다.

"창조 · 도전 · 희생"

청년이 살아야 나라가 산다

세 개의 단어, 총 여섯 글자로 구성되어있지만, 여기서 나오는 꿈틀거리는 역동성을 맛볼 수 있다.

창조란, 이 세상에 없는 것을 새롭게 구상하고 만들어 결과를 내는 것이다.

없던 것을 새로이 만들어낸다는 것은 그만큼 그에 대한 뿌리 깊은 저력을 바탕으로 끊임없이 용출해내는 힘을 말한다. 우리가 경제활동을 하든지 예술을 하든 이런 창조 정신은 우리 생활 속에서 늘 깨어 있는 정신을 의미하는 것이다.

도전이란, 어떤 일에 있어 정면으로 맞서 나가는 힘을 말한다. 이 세상의 일 중에서 처음부터 만들어지고, 길이 닦여져 있는 것은 없다. 새로운 일을 할 때 일을 하면서 부딪치는 난관과 두려움을 만났을 때 이를 돌파하고 해결해야 하는 강력한 힘이 필요하다.

두려움이 몸을 숨기는 순간, 더 이상 앞으로 나갈 수 없는 무기력 상황을 맞이하게 된다.

희생이란, 희생 단어 자체로는 여러 가지로 해석할 수 있으니 여기서 말하는 것은 어떤 일에 목표나 목적을 위하여 자신을 바친다는 것이다.

우리가 주변에서 보는 성공한 사람이나 성공한 일 중에서 그냥 된 것은 없다. 남모르는 피나는 노력의 결과물인 것이다. 공부를 잘하는 사람이나 운동을 잘하는 사람이나 처음부터 모든 것이 만들어지지는 않았다.

대우그룹 사훈을 예시로 들었지만, 새로운 역사를 만들고 자신의 발전을 위해서는 안정적인 상황에 초점을 맞추기보다는 앞으로 나가는 투지가 필요하다. 하루하루를 그 상황에서 안주하고 자기 편한 쪽으로만 추구하는 상황에서는 앞으로 나갈 수 없는 것이다.

우리가 살아가는 과정을 인생이라고 하고, 인생은 사람이 움직임을 뜻한다. 이 세상의 모든 생물체를 보라. 움직임이 없는 것은 이미 죽어 있거나 의미 없는 숨만 쉬고 있는 것들이다.

사람의 움직임이란, 목표를 정해서 앞으로 나가는 활동이다. 의미 있는 움직임이 있을 때, 성공적인 자기 인생을 만들어갈 수 있고 그래야 자기 인생의 승리자가 될 수 있다고 생각한다.

준비되어 있다면 뒤처지지 않는다

한국은 세계적으로 인구밀도가 가장 높은 나라 중에 하나이다.

좁은 땅에서 많은 사람들이 살다 보니 각자 살아가기 위한 경쟁이 치열해질 수밖에 없다. 더욱이 반도 국가로서 세계적인 강대국 사이에서

청년이 살아야 나라가 산다

살아남아야 하기에 우리만의 생존 전략을 갖고 살지 않으면 안 된다. 높은 인구밀도와 지정학적인 환경은 한국인에게 치열한 생존 기술을 요구하게 한다. 하지만 우리에게 주어진 파이(pie)는 그다지 크지 않고 한정되어 있다고 볼 수 있다. 작은 한 조각을 가지고 많은 사람들이 나누어 먹다 보니 살아가는 삶도 팍팍해지기 쉽다. 어쩌면 여기까지 살아남은 것만도 대단하다고 볼 수 있다.

하지만 앞으로 다가올 미래가 더 걱정이다. 한국인이 갖고 있는 우수한 두뇌와 근면성은 제조업을 중심으로 대량 생산시대에서 빛을 발휘하였고, 60여 년의 짧은 시간에 세계 10대 경제대국에 올라서는 위업을 달성하였다. 그런 압축성장 과정은 대우그룹, 현대그룹의 불도저처럼 밀어붙이는 도전정신이 한몫을 해왔다는 것이 분명한 사실이다.

지금 도래하는 4차 산업혁명 시대에는 세상이 한층 더 크게 변화하고 산업의 트렌드는 창조적인 네트워크를 요구한다. 새로운 세계, 변화하는 세상에서 살아가기 위해서는 철저한 준비와 발전 전략이 필요하다. 그것을 찾아 세상으로 나아가야 한다. 한국인에게는 다행스럽게도 선조, 선배들의 좋은 본보기가 있다.

그들은 열악한 조건의 한반도를 떠나 전 세계에 진출하는 용기와 근성의 DNA를 갖고 있었다. 전 세계에 퍼져 있는 한국인은 730만 명의 재외동포를 갖고 있는 나라이다. 이것은 남북한 인구의 약 10%는 해외에서 살고 있다는 얘기이다. 앞으로 이들은 한국인이 해외 진출하는 데 좋은 교량 역할을 할 수 있고, 그들이 살아가는 모습은 든든한 롤 모델이 될 수 있다.

앞으로의 세계에서는 빠르고 실제적인 정보를 얻을 수 있는 네트워크 보유 여부가 경쟁력의 잣대가 된다. 한국에서 앉아서 우리끼리만 얘기하고, 세상을 바라보는 시대는 지났다. 해외는 우리가 경험하지 못한 다양한 정보와 인적 자원을 갖고 있다. 그래서 한국, 한국인끼리 보다도 훨씬 많은 발전 가능성이 나올 수 있다. 새로운 세계로 나가야 새로운 것을 볼 수 있고, 그들과 함께 한층 더 나은 세상을 만들어갈 수 있다.

그것이 글로벌 세계이다. 그곳에서 살아남는 것이 미래의 생존 경쟁력이 된다. 이제는 한국에서 생활을 하든지 해외에 나가든지 글로벌 세계는 특별히 구분되지 않는다. 지금은 인터넷뿐만 아니라 글로벌 SNS가 보편화되어 있기 때문에 언제 어디서나 해외에서 자리를 잡고 살아가기가 이전보다 쉽기도 하다.

이런 글로벌 세계에서 살아가면서 세상의 흐름을 앞서기 위한 준비를 해야 한다. 준비가 된사람은 급변하는 세상 흐름에 뒤처지지 않는다.

청년이 살아야 나라가 산다

글로벌 인재 **성공 요건**

- 랭귀지(영어, 현지언어)가 원활하다

- 배우겠다는 자세로 끊임없는 자기계발을 한다.

- 끝까지 해보겠다는 근성(根性)을 갖춘다

- 풍부한 인적 Network를 갖춘다

첫째로,

랭귀지(영어, 현지 언어) **능력을 갖추는 것이 무엇보다도 중요하다.**

해외에서 생활을 하고 비즈니스를 수행하기 위해서는 외국어의 중요
성은 말할 나위없다. 최근은 AI 번역기 등 각종 언어 번역기가 나오긴 해
도 외국인들과 진정한 소통을 위해서는 언어능력을 갖추는 것은 필수이
다. 그것을 위해 현지에서 체류하면서 언어를 습득하든지 여러 방법을
동원해서라도 언어능력을 갖추는데 1차적인 목표를 두어야 한다,

외국어가 안 되면 외국인과의 소통능력이 떨어지고, 자신감이 부족해

진다.

또한, 현지에서 밀착하여 비즈니스를 할 수 있는 사람은 현지 언어가 매우 중요하다. 세계 공통어로 영어를 중심으로 그 지역에 맞는 현지어 즉 중국어 등 기업에서 필요로 하는 언어가 무엇보다도 중요하다.

다음으로, 글로벌 마인드를 갖추어야 한다. 이는 세계로 나가기 위한 마음이 열려 있어야 한다. 단순한 언어소통 이외에 현지 문화를 갖춘 현장문화가 중요하다. 상대방에 대한 이해와 배려를 위한 열린 마음이 전제되는 것이다. 평상시 글로벌 마인드를 갖춘 지적 인프라가 필요하다. 상대방에 대한 편견 또는 선입견으로 자기 자신을 둘러쌓아서는 앞으로 나갈 수 없다.

둘째로,

배우겠다는 기본자세로 끊임없이 자기계발한다.

글로벌 세계에는 여러분이 태어나고 자라 온 세계와 다른 것들이 훨씬 많다. 새로운 것에 대한 호기심으로 배우고 익히겠다는 도전정신이 필요하다. 항상 배우겠다는 자세를 갖고 있는 사람은 겸손한 사람이며 열린 생각을 갖고 있는 사람이다.

외국에서 취업을 하든 한국에서 비즈니스를 하든 결국 일이란 사람간의 관계에서 출발한다.

청년이 살아야 나라가 산다

변화되는 사회에 적응하고 앞서가기 위해서는 끊임없는 자기계발이 필요하다. 알고 있는 지식과 정보도 얼마 후면 이미 낡은 지식과 정보로 전락하게 된다. 지속적인 지식 충전과 업데이트가 필요하다

셋째로,

끝까지 해보겠다는 근성(根性)이 필요하다.

세상 일의 성패는 끝까지 가는 데 있다. 아무리 좋은 생각을 세상에 나와도 자기가 목표하는 세계에 도달하지 못하고 접는 경우는 실패자로 생을 마치게 된다. 누구에나 인생을 걸어가는 길에서 어려움과 역경은 수없이 다가온다. 이것은 정상적인 일이다.

인생은 마라톤이라고 한다. 42.195km를 뛰는 동안 포기하고 싶은 생각은 수없이 든다. 모든 것은 자기 마음먹기 나름이다. 끝까지 해보겠다는 근성과 오기는 필수적이다. 근성은 뿌리의 성질이다. 깊게 뿌리 박힌 나무는 쉽게 쓰러지지 않는다. 오기는 힘을 달리면서도 남에게 지기 싫어하는 마음을 말한다. 힘들다고 생각을 주저앉는 순간에 모든 것은 한순간에 무너지고 만다.

넷째로,

풍부한 인적 네트워크를 갖추어야 한다.

인간은 혼자 살 수 없다. 모여서 사회를 이루는 고등동물로서의 인

간이야말로 우리가 말하는 인간이다. 주변 사람과 관계를 맺고 서로 도와가는 과정에서 우리가 하고자 하는 일을 이룰 수 있다. 글로벌 세계에서는 민족성이나 국가 환경이 다른 사람들이 교류하는 과정에서 비즈니스가 성사되고 이끌어진다.

먼저 다가서고 열린 마음을 나누는 진실 된 소통은 어느 세계에서는 동일하다. 좋은 만남을 통하여 서로 간 인간미가 흐르는 좋은 교류의 중요성은 더할 나위 없는 것이다.

03

한 우물 파라 - 우직지계(迂直之計)

창업했던 10명 중 9명은 어디로 사라진 걸까?

필자가 운영하는 코리나교연은 2005년 창립하여 올해로 창립 15주년을 맞이하고 있다.

나는 대학 졸업 후 첫 직장으로 대우그룹에서 직장생활을 하던 중 1998년 IMF 이후 대우그룹이 해체되고 2000년도에 불혹이라는 나이 40세에 15년간 몸담았던 대우를 나오게 되었다. 회사를 나오니 직장 급여생활자에서 스스로 먹고 사는 것을 해결해야 하는 자영업자, 즉 개인사업자가 되었다. 첫 사업으로 IT 분야에 뛰어들었다. 당시 한국은 IMF 직후 IT강국이라는 세계적 명성도 날리며 IT 벤처 붐이 크게 불고 있었던 시기였다.

하지만 나의 첫 사업은 완전한 실패로 끝났다. 벤처기업이나 스타트업 기업이 번쩍이는 아이디어와 기술로 승부를 걸어도 끝까지 사업 성공을 시키지 못하는 경우가 많다. 이른바 뒷심이 부족한 것이었다. 결국 사업을 접게 되자 한순간의 나락으로 떨어져 울고불고했던 시기가 있었다. 그러던 중 교육 사업을 시작한 것이 지금에 이르렀다.

지금 코리나교연은 한중교육연수, 해외 인턴십, 취업, 전문 인재 기업 추천프로그램 등 글로벌 청년 육성 분야에서 오랜 기간 꾸준히 걸어왔고 앞으로도 계속 걸어갈 것이다.

내가 회사를 나올 당시 IMF 한국 사회는 국가 부도가 되는 엄청난 재난을 맞이하였다. 국가는 한순간에 부도 상황에 몰리고, 수많은 기업은 도산사태를 맞이하였다. 이때 많은 직장인들은 자신이 다니던 회사에서 쫓겨나올 수밖에 없는 경우가 많았고, 수십 년 번듯하게 사업을 이끌어가던 사장님들도 한순간에 길거리로 몰렸다. 이 시기에 많은 직장인들은 자신이 다니던 직장을 떠나 다른 기업을 찾아 떠돌아다니거나, 아니면 직장인에서 개인 창업의 세계로 들어간 경우가 많았다.

또한 내가 중국에서 사업을 시작하던 당시에는 중국이 개혁개방 이후 한창 성장하는 사회 환경이었다. 기업을 다니며 그동안 배웠던 실무 경험이나 인맥 등 활용하여 중국에서 창업을 하는 경우가 많았다. 중국어나 영어도 잘하고, 인맥도 갖추고 시장을 파고들어 가는 안목도 있으니

청년이 살아야 나라가 산다

비교적 개인 사업을 하기 쉬운 점도 있었다. 많은 사람들이 우선 작은 사무실을 오픈하고 직원을 한두 명 뽑아 개인 사업을 시작했다. 그러나 그로부터 많은 시간이 훌쩍 지난 지금에 와서 보면 그때 같이 출발했던 많은 사장님들이 보이지 않는다. 정신없이 달려오다가 주변을 돌아보니 같이 달려왔던 사람들이 보이지 않고, 혼자 남는 것 같은 느낌이 들 정도로 많은 사람들이 사라졌다. 그때 당시 10명이 출발했다면 현재까지 살아남은 사람은 1명에 불과하다고 볼 수 있다. 그렇다면 9명은 도대체 어디로 간 것인가?

결론적으로 말하면 그들은 급변하는 사업 환경에서 경쟁력을 잃고 하나둘씩 어디론가 사라진 것이다. 개인적으로 보면 어디에서나 뒤지지 않는 학벌, 풍부한 사회경력과 출중한 능력을 갖고 있었던 사람들이 왜 그렇게 되었을까?

실패는 자기 자신과의 싸움에서 진 것이다

곰곰이 생각해보니 사라진 사람들의 몇 가지 공통점이 있었다.

첫째는 사업의 업종을 자주 바꾸었던 사람들이다.

사업을 시작해보면, 특히 초창기에 자리를 잡기가 어려운 것이 사실이다. 세상의 흐름을 간파하고 그 방향으로 사업 아이템을 잡아서 꾸준히 발전시켜가야 한다. 하지만 막상 사업에 진입하게 되면 생각대로 가는 경우가 거의 드물다. 또는 사회 환경에 돌발 상황이 부딪쳐 중도에 포기를 할 수밖에 없는 경우도 생기게 되는 것이다.

또한 현재 하고 있는 사업 아이템보다는 다른 사람이 하는 아이템이 더 좋아 보이고, 돈도 쉽게 보는 것 같은 생각이 들기도 한다. 남의 떡이 커 보이는 것이다. 그래서 자주 업종을 갈아타는 경우가 많다. 끝까지 해보지도 않고, 쉽게 가는 길을 택한다. 하지만 새로 갈아탄 사업도 막상 해보면 만만치 않고 결과적으로 사업실패의 길로 들어가기 쉽다.

두 번째는 자신이 하는 아이템에 안주하는 경우가 많다.

좋은 사업 아이템을 선정되어 안정되어 잘 가는 경우 앞으로도 모든 것이 잘 가리라는 생각에 젖어서 스스로 노력을 게을리 한 사람들이다. 조그만 성공에 도취되어 매너리즘에 빠져서 안주하기 쉽다.

한 방향의 업종이라도 그 안에는 수많은 파생 상품이 나올 수 있으며 그 시대 상황에 맞게 계속적인 발전을 하지 않고는 존재할 수 없다.

그래서 끊임없이 인내심을 갖고 노력이 필요하다. 하루하루가 변하고 발전되어가는 현대사회에서 살아가기 위해서는 변화에 뒤지지 않을 자기계발이 필요하다. 끊임없는 변화 속에서 살아남기 위해서는 시대 변화를 앞서야 생존이 가능하다.

청년이 살아야 나라가 산다

세 번째는 자기 관리에 실패한 경우가 많다.

사업을 하다 보면, 직장인과 달리 자유롭게 생활한다고 생각하는 경우가 많다. 경우에 따라서 직장인에 비해 비교적 자기 시간을 내기가 쉽고, 스스로 판단하고 결정하다 보니 쉽게 나태해진다거나 방탕해질 수도 있다. 하는 일이 잘 풀리고 사업이 잘 돌아가는 경우에는 더욱 그렇게 되기 쉽다. 누구의 간섭을 안 하고 자유롭게 생활할 수 있는 것이 개인 사업자는 가능하기 때문이다. 하지만 주변에 성공한 개인사업자들 철저한 자기 관리를 하는 사람들이 공통적이다.

이러한 일은 개인 사업자뿐만 아니라, 자기 인생에 있어서도 중요한 요소가 된다. 어느 분야에서는 경쟁이 치열하고 그 사회에서 생존게임을 벌여야 하는 것이 우리의 인생이다.

대부분 이 시대에서 경쟁력을 갖추고 살아가는 사람은 분명 그 분야에서 전문성을 갖고 꾸준하게 발전시켜온 사람들이다.

수많은 사람들 중에서 전문화된 차별화만이 살아남는 것이 개인사업자 세계이다. 이것이 내가 지금까지 사업을 해오면서 몸소 겪었던 소회이기도 하다. 특히 직장을 다니다가 새로이 홀로서기를 하는 사람들에게 개인 사업 생존이 얼마나 어려운가를 말해주고 싶다,

'한 우물을 파라'라는 말을 많이 들어보았을 것이다. 조금 파다가 물이

안 나온다고 다른 곳에 우물 파 봐야 물은 나오지 않는다는 의미이다. 어떤 일을 할 때, 끝까지 포기하지 말라는 뜻으로 널리 쓰이고 있다.

그렇다고 무작정 아무 곳에서나 우물을 파면 물이 나오는 것일까? 아니다. 우물을 파기 위해서는 물이 나올 만한 곳을 찾아서 파야 한다. 그래야 물이 나올 가능성이 높다. 그러기 위해서는 우물 파기 전에 치밀한 조사와 우물 파는 방법에 대한 철저한 연구가 필요하다. 그러므로 '한 우물을 파라'는 말은 어떤 난관에 부딪히더라도 쉽게 포기하지 말라는 뜻인 것이다. 우리가 흔히 사용하는 속담이지만, 인생을 살아가는데 많은 지혜를 담고 있다.

정작, 우물을 파다가 쉽지 않은 난관에 봉착하면 어떻게 할까?

우직지계(迂直之計), 가까운 길을 곧게만 가는 것이 아니라 돌아갈 줄도 알아야 한다는 말이다. 우직지계에서 우(迂)는 돌아가는 지혜를 말하지만, 직(直)은 포기하지 않는 근성을 의미이다.

만약, 우물을 파다가 물이 나오지 않으면 어떻게 파야 물이 나올 수 있을지 방법을 찾아야 한다. 물이 나오지 않는다고 쉽게 포기해서는 안 된다.

복싱경기에서는 상대 선수를 넘어뜨리는 것이 최종 목표이다. 상대 선

청년이 살아야 나라가 산다

수에게 계속 파고 들어가는 인파이터 선수가 있는가 하면 상대 선수의 외곽을 돌면서 결정적인 한 방으로 공격하는 아웃복서가 있는 것이다. 상황에 따라 경기 운영 방법은 달라질 수 있지만, 상대를 쓰러뜨리는 것은 목표는 변함이 없는 것이다. 가다가 길이 막혔을 때 돌아가는 지혜는 필요하지만, 가는 길마저 포기하면 그것으로 끝나게 된다.

우리가 인생을 살아가는 여정은 끝없는 자신과의 싸움의 연속이다. 어떤 일을 하든지 사업 추진과정의 어려움도, 시장 환경의 수많은 변화에서도 견디고 다시 일어서게 하는 것은 자기 자신이다.

자기와의 싸움에서 지면 모든 것이 끝나게 된다. 왜냐하면, 나를 쓰러뜨린 것은 남이 아닌 자기 자신이기 때문이다.

04

평생 청년으로 사는 법

육체의 노화와 정신의 노화

어느 날 TV 프로그램에서 80세가 넘어 보이는 노인이 나와서 5개 외국어에 도전한다고 얘기하는 것을 보았다. 외국어에 도전하는 이유를 설명하고 하루에 몇 시간씩 정해진 시간에 열심히 공부하는 장면 등을 소개하였다. 참으로 대단하게 보였다.

그분과의 인터뷰 장면은 나이 어린 젊은 사람들에게는 부끄러움을 느끼게 하고 비슷한 연령의 노인들에게는 하나의 자극을 주는 내용이었다. 그분 역시 처음에는 그런 생각을 갖지 않았는데 우연히 "어느 95세 어른의 수기"라는 글을 보고 크게 감명을 받았고, 본인도 실천에 옮기는 계기가 되었다고 하면서 소개하였다.

〈어느 95세 어른의 수기〉

나는 젊었을 때 정말 열심히 일했습니다. 그 결과 나는 실력을 인정받았고 존경을 받았습니다. 그 덕에 65세 때 당당한 은퇴를 할 수 있었죠. 그런 내가 30년 후인 95살 생일 때 얼마나 후회의 눈물을 흘렸는지 모릅니다. 내 65년의 생애는 자랑스럽고 떳떳했지만, 이후 30년의 삶은 부끄럽고 후회되고 비통한 삶이었습니다. 나는 퇴직 후 "이제 다 살았다. 남은 인생은 그냥 덤이다."라는 생각으로 그저 고통 없이 죽기만을 기다렸습니다. 덧없고 희망이 없는 삶…. 그런 삶을 무려 30년이나 살았습니다. 30년의 시간은 지금 내 나이 95세로 보면 3분의 1에 해당하는 기나긴 시간입니다. 만일 내가 퇴직할 때 앞으로 30년을 더 살 수 있다고 생각했다면, 난 정말 그렇게 살지는 않았을 것입니다. 그때 나 스스로가 늙었다고, 뭔가를 시작하기엔 늦었다고 생각했던 것이 큰 잘못이었습니다. 나는 지금 95살이지만 정신이 또렷합니다. 앞으로 10년, 20년을 더 살지 모릅니다. 이제 나는 하고 싶었던 어학 공부를 시작하려 합니다. 그 이유는 단 한 가지. 10년 후 맞이하게 될 105번째 생일날95살 때 왜 아무것도 시작하지 않았는지 후회하지 않기 위해서입니다.

사람은 누구나 태어나면 어느 시점에 이르러 수명을 다하고 세상을 떠나게 된다. 이 세상 모든 생물은 태어나면 죽게 되는 자연의 생멸(生滅)의 법칙에서 벗어나는 것은 아무것도 없다.

사람이 나이가 들어 늙는다는 것은 육체적인 노화가 있지만, 그것보다도 정신적인 퇴화가 사람을 더 늙게 만든다. 늙음은 새로운 것을 배우려는 자세가 멈추는 순간부터 다가온다. 그것은 새로운 지식을 충전하기보다는 자신에게 익숙해진 옛날 지식을 써먹는 것은 늙은 노인으로 가고 있는 것이다.

새로운 것에 대한 도전과 배움의 끈을 놓지 말아야 늙어가는 것을 늦출 수 있다. 세상의 변화 속도에 앞서지 못하더라도 최소한 따라가려는 자세가 필요하다. 그동안 익숙해진 자기 지식을 다른 사람들에게 강요하기 시작하면서 꼰대가 되는 것이다. 또 한편으로는, 생물학적인 노화현상은 최소화시켜야 하기에 꾸준한 몸과 마음 관리가 중요하다. 몸과 마음을 관리하는 것은 머릿속의 생각보다 몸으로 실행하는 실천정신이 중요하다.

우리는 사람이 태어나 살아가는 과정을 인생(人生)이라고 한다. 인생은 한자어로 사람 인(人) + 날 생(生)이 합쳐져 만들어진 단어이다.

여기서 낳는다는 것은 어미의 몸에서 새로운 생명의 출발을 의미이며 움직임의 시작을 뜻한다. 어떤 생물체가 움직임이 없는 탄생을 생각해보라. 어떤 생물체나 움직임이 없게 태어남은 사산(死産)밖에 없다. 사람도 마찬가지이다.

사람이 태어나 성장하고 인간의 개체로 자리 잡고 사회의 역할을 하는 과정을 인생이라고 부른다. 인생에서의 움직임은 영혼이 담겨 있어야 진정한 삶의 가치가 나오게 된다. 영혼이 없는 움직임은 진정한 의미에서 동물적인 움직임에 비유될 수 있는 것이다.

영혼이란 꿈을 담고 있느냐 그렇지 않느냐가 가치의 기준이 된다. 꿈이 있는 것은 살아 있음을 의미한다.

인간이 움직이는 것, 즉 인생에서의 움직임은 영혼이 담겨 있어야 진정한 삶의 가치가 나오게 된다. 영혼이 없는 움직임은 진정한 의미에서 동물적인 움직임에 비유될 수 있는 것이다.

그 영혼의 실체는 우리가 얘기하는 꿈을 담고 있느냐 아니면 꿈이 없느냐가 가치의 기준이 된다. 꿈이 있는 것은 살아 있음을 의미한다.

누구나 나이가 들어가면서 삶의 의미와 가치를 찾기보다는 하루하루 지나가고 다가오는 나날에 특별한 저항 없이 받아들이고 있지는 않은가.

사람이 늙게 되면 체력이 떨어지고 때로는 정신도 뚜렷해지지 않은 자신의 모습에 한심한 생각이 드는 경우가 많다. 그런 가운데도 건강에 대해 관심을 갖는 사람이 건강한 사람이 되는 것이다. 또한 자신이 늙었다고 생각하면 늙은 사람이 되는 것이다.

은퇴 후 후회되는 것들

현재 한국사회에서 은퇴하는 사람들은 일부 여성도 있지만 대부분 남성을 뜻하게 된다. 지금의 사회구조는 평생직장을 다니는 사람들의 경우 남자들이 집안에서는 가장으로서 직장에서 조직의 구성원으로 살아남고 나름 일을 마친 경우이다. 많은 남자들은 그동안 가족을 부양한다는 강한 책임감 속에서 돈 버는 기계라는 의식에 젖어 사는 경우가 많았다. 하지만 이것마저도 사회에서 은퇴하는 시점부터 자기의 역할이 다한 것 같은 상실감을 갖기 쉬운 구조가 한국 사회이다.

이 세상에는 젊은 시절 잘 나갔던 사람이 많다. 유명 대기업에서 임원을 지냈고 세상에서 알아주었던 대학교수, 대학 총장, 고위직 공무원 출신들이 은퇴 이후에 몇 년 지나지 않아 한순간에 확 늙어버리는 것을 자주 발견할 수 있다. 특히, 은퇴 전까지 잘 나갔던 정도가 높을수록 더 쉽게 무너지는 것을 볼 수 있다. 은퇴 후 불과 몇 년 사이에 현역시절 떵떵거리는 모습은 찾을 수가 없고 어깨가 축 처진 모습으로 나타나는 경우가 많다. 이미 지나버린 자신의 화려함에 벗어나지 못해서 억울하고 섭섭한 생각으로 밤잠을 못 이루고 때로는 억울함도 느끼게 된다.

주변에서 은퇴한 사람들을 만나보면, '마음을 비웠다', '마음을 내려놓았다'고 말을 한다. 하지만 과연 어느 정도 내려놓고 비웠다고 하는지 잘

청년이 살아야 나라가 산다

모르는 경우가 많다. 바닥은 아주 멀리 있고 빈 공간은 많은데도 본인 자신은 전부를 비웠다고 말을 하고 있는 것은 아닌지 반문해 볼 필요가 있다.

또한, 평생 조직 생활에서만 있었던 사람은 조직을 떠나 혼자 있는 것에 익숙하지 못한 경우가 많다. 대개 그런 사람들은 옛날 자신의 모습을 떠올리면서 풀 죽은 자신의 모습에 아쉬움과 후회의 늪에 잠기게 된다.

하지만 주변을 돌아보니 그 많던 사람들은 어디론지 가버렸고 혼자만 남아있는 것 같은 쓸쓸한 모습이 스스로 안타깝게 만드는 것이다.

"현역시절 동료나 후배들에게 좀 더 잘할걸…."
"너무 일밖에 모르고 살아왔다."
"언제든지 마음 터놓고 얘기할 수 있는 친구가 있었으면…."

나이가 들어가면서 생각이 옛날에 묶여서 빠져나오지 못한 경우가 많다.

어제(과거)에 묶인 사람은 불행의 늪에 빠지기 쉽다. 오늘(현재)이 있는 사람은 내일(미래)의 꿈과 희망이 있다. 그런 사람에게는 언제나 즐거운 나날이 이어진다.

나이가 들어도 빨리 변하는 시대 흐름을 따라가겠다는 생각을 가져야 한다. 세상의 흐름을 주시하고 간파해야 한다. 늘 새로운 것에 대해 배움의 끈을 놓지 말아야 늙지 않는다.

일반적으로 나이가 들어가면서 몸으로 실천하기보다는 머릿속으로 생각하는 것이 많아진다고 한다. 그저 머릿속에서 할까 말까 주저하기보다는 생각날 때 바로 몸으로 실천하는 습관을 가져야 한다. 작은 것부터 실천하기 시작해야 습관화가 된다.

많은 사람들이 '은퇴'라는 단어와 함께 곧바로 연상되는 단어는 '돈, 노후자금, 건강'부터 생각하게 된다. 은퇴 후 죽을 때가 받는 연금이 있다면, 한시름 놓고 그다음을 그다지 생각하지 않는 경향이 많다. 그렇다면, 죽을 때가 보장된 노후자금만 있으면 노후가 행복할까. 이에 대한 답은 꼭 그렇지만은 않다는 것이다.

2018년 한국보건사회연구원이 발표한 행복지수 개발에 관한 연구에 따르면 시니어가 행복의 조건으로 꼽은 것은 아래와 같았다.

1위 건강(96.4%)

2위 일(89.1%)

3위 관계(87.3%)

청년이 살아야 나라가 산다

나이가 들어도 오늘 하루를 얼마나 의미 있게 보낼 것인가를 생각해야 한다. 의미 있는 것은 자신이 오늘 하루 움직임 속에서 찾아야 한다. 그것은 스스로 고민하고 이에 대한 해결 방법을 찾아야 한다.

평생 푸른 청춘으로 살아라

누구나 자신이 행복해지기를 원한다. 인간이 행복한 삶을 살아가고 싶어 하는 것은 우리 인간의 공통된 소망이기도 하다. 그런 행복은 어디서 오는 것일까?

어떤 사람은 돈을 많이 벌면 행복해진다고 생각한다. 누가 행복의 기준은 다를 수가 있다. 또 어떤 사람은 자신이 목표하는 것을 이루었을 때 짜릿하게 느끼는 행복이 최고라고 한다. 자신의 가능성을 믿고 최선의 노력한 끝에 달성한 희열은 그 무엇과도 바꿀 수 없다. 그것이 경제적이든 아니면 자신의 목표했던 목표를 달성했을 때 느끼는 행복이든지 비로소 행복감을 느끼게 된다.

인간은 무엇인가 자신이 갖고 있는 가치를 꾸준히 추구하는 동물이다. 자신의 꿈을 만들어가는 과정에서 자기 자신과의 치열한 싸움이 되는 것이다. 그 과정에 충실했을 때 비로소 성공의 결과를 낼 수 있는 것이다.

항상 젊게 사는 사람은 새로운 길을 추구하고 새로이 도전하는 사람들이다. 새로운 길은 간다는 것은 무모해 보이기도 하고, 안 가도 되는 길을 가는 모습이 어리석게 보이기도 한다. 그것을 도전하고 추구하는 것이 청년의 모습이다.

　나이가 어리고 젊다고 청년이 되는 것은 아니다.

　앞에서 이미 말했지만, '청년'을 한자로 풀어보면 청(靑)은 푸름이고 년 (年)은 나이를 뜻한다. 즉, 푸른 마음을 갖고 있는 나이를 뜻한다. 나이가 아무리 많아도 마음이 열려 있고 늘 새로움을 추구하는 사람이 진정한 청년이 되는 것이다.

　나이 먹는 것만으로 사람이 늙어가지는 않는다. 마음속의 꿈이 없어지기 시작하면 곧바로 노인이 되어간다. 세월의 흐름에 따라 피부에 주름살이 늘어갈 수 있지만, 열정이 식으면 마음은 늙어간다. 흔히들, 나이는 숫자에 불과하다는 얘기를 많이 한다. 호기심을 잃고 노인이 되는 것이다.

　80세 노인이라도 20세 청년으로 살 수 있다. 열정과 호기심이 없는 20세는 청년이 아닌 노년(老年)과 같은 것이다.

　육체적인 건강도 평생 청년이 되는 데 중요한 요인이 된다. 결국 인간은 육체와 정신의 결합체로 만들어져있기 때문에 정신을 지탱해줄 신체적인 건강도 매우 중요하다.

　옛말에 '골골 팔십'이라는 말이 있다. 몸이 안 좋고 평소 병약한 사람이 팔십까지 산다는 말이다. 지금 100세 시대에서 팔십이 아니라, 100세라고 말로 바뀌어야 되겠다. 몸이 병약하여 일찍 죽을 줄 알았는데, 오히려 장수한다는 말이다.

그렇게 특별히 건강하지 않은 사람들이 오히려 장수하는 비결은 무엇일까? 그런 사람들은 어려서부터 자신이 몸이 약골이다 보니 항상 주의하고 대비하면서 자기 관리를 해오는 사람들이다. 하지만 평소 건강에 자신을 갖고 사람들은 자신의 건강을 믿고 몸을 과용하거나 관리를 소홀히 하다가 일순간에 건강을 잃는 경우가 많다. 자신이 갖고 있는 강점이 오히려 독이 되는 경우가 된 것이다.

매일 같이 뜨고 지는 태양은 일출보다도 일몰 때 더 강렬한 빛을 발한다고 한다. 일찍이 사마천은 자신이 쓴 '사기'에서 인생을 마치고 죽음에 맞이할 때 태산같이 무거운 죽음과 새털같이 가벼운 죽음을 나누어 역설하였다. 그것은 인생을 살면서 어떻게 살아왔느냐에 따라 인생의 마감의 정도도 다르기 때문이다.

사람이 태어나고 성장하고 늙어가고 생을 마감하는 것은 자연의 순리이다. 이것은 어느 누구도 거역할 수는 없는 진리이다. 인생은 세월의 흐름에 따라 늙어가는 것이 아니라, 익어간다고 한다. 끊임없는 움직임과 꿈의 추구하는 가운데 푸른 젊음을 만들어진다. 그럴수록 나이가 들어도 원숙한 인생의 빛을 발할 수 있다.

05

다시 태어나도 이 일을 하고 싶다_생생지락 (生生之樂)

일에 대한 자부심과 긍지를 가져라

지인들과 함께 일본여행을 한 적이 있었다.

저녁 식사를 마치고, 간단하게 술 한잔하면서 얘기를 나눌 만한 장소를 찾다가 호텔 인근의 조그마한 튀김(天ぷら, 덴뿌라) 식당을 가게 되었다. 그다지 크지 않은 가게에 노부부가 같이 일을 하면서 친절하게 대해주었다. 같이 간 일행들과 몇 가지 튀김과 돈가스를 안주 삼아 먹으며 주인 노부부와 말에 건냈다.

"식당을 시작한 지 얼마 되었나요?"

"이 자리에서만 40년이나 되었어요. 본래는 다른 장소에서 돌아가신

아버지와 같이 식당을 하였는데, 이곳에 이사 온 지가 벌써 이렇게 되었
네요."

한 장소에서 오랫동안 식당을 하다 보니 단골도 꾸준히 늘어갔고, 손
님들이 맛있게 먹는 것이 즐거움이라고 말을 했다.

"그럼, 자식 분들이 이 사업을 이어가게 되나요?"
이렇게 물었더니, 옆에 있는 40대 정도 보이는 여자분을 자신의 딸이
라고 소개하며 이제 나이가 많아 점차 딸에게 이 사업을 물려주기로 했
다고 한다. 처음에는 다른 종업원인 줄 알았는데, 알고 보니 노부부의 딸
이 일을 같이 하고 있었다.
지금 하는 일에 만족하냐고 물었더니 손님들에게 맛있고 영양 있는 음
식을 제공한다는 것이 즐거움이라고 하면서 다시 태어나도 이 일을 하지
않겠나 하면서 너털웃음을 짓는 튀김식당 노부부가 인상에 많이 남는다.
일본에서는 이렇게 몇 세대를 물려가면서 작은 일이라도 꾸준히 가업으
로 이어가는 모습을 흔히 발견할 수 있다.

이 세상의 모든 일에는 나름대로 크고 작은 해야 할 가치가 있기 마련
이다. 자신이 하는 일을 통하여 생계를 꾸려갈 뿐만 아니라, 그 일이 즐
겁고 보람이 되는 일이라면 그 사람의 인생은 행복한 것이다.

그런 사람은 그 일에 대한 자기만의 자부심과 긍지가 있고, 그 일로부터 느껴지는 자신만의 생활 철학이 녹아 있기 때문이다. 그래서 어려운 상황이 닥쳐와도 해결의 돌파구를 찾아내는 의지가 생기게 되는 것이다.

돈 버는 기계로 살 것인가, 천직을 갖고 살 것인가?

때로는 당장 먹고 살기도 바쁜데, 일의 가치나 의미를 생각하기에는 너무 사치적이고 현실적으로 맞지 않다고 생각이 될지도 모르겠다.

하지만 대학을 졸업하고 많은 사람들이 자신의 재능과 적성을 찾기보다는 대외적으로 명성이 있는 기업, 연봉 수준 등이 우선시 하고 있는 경우가 많다. 더욱이 취업이 어렵다 보니 우선 붙고 보자, 일단 회사 들어가 보고 그다음은 나중에 생각해보자는 경향이 많아지고 있다.

그것은 희망 취업 기업군도 대기업 중심으로 몰리고, 취업준비도 대기업 공채준비로 쏠림현상이 나오게 된다. 자기 적성을 고려하고 장래 희망 직업을 생각할만한 겨를도 없이 무작정 앞으로 나가고 있는 취준생들이 부지기수이다.

이런 상황은 우선 먹고살기 위해 돈을 벌거나 다른 직장을 특별히 갈 만한 곳이 없어서 다니는 직장은 조건들이 안 맞게 되면 언제든지 회사를 옮기고 싶은 생각이 들게 마련이다.

많은 청년들이 현재 직장에서 다른 곳에서 연봉 등 나은 조건이 있다면 언제든지 옮길 것을 고려하는 경우가 절반이 넘는다고 한다.

이런 결과는 직장에 대한 애정보다는 연봉 등 조건을 더 중시하고 있다는 것을 의미한다. 다시 태어나도 지금 하는 일 다시 하겠냐고 물었을 때는 네 명 중 한 명도 채 안 된다고 한다. 이것은 지금 현재 하고 있는 일에 만족을 못 하고 일의 가치나 중요성을 못 느낀다는 것을 말하는 것이다.

하루 중에서 가장 많이 시간을 보내는 일터, 직장이 어쩌다 보니 현재 하는 일을 선택하였고, 그 일이 고착되어 생계수단으로 일을 할 뿐인 경우가 대부분인 것이다.

우리가 일을 한다는 것은 단순한 노동을 떠나서 그 일을 통하여 사회적 기반을 넓혀갈 수 있고 일을 통하여 수반되는 경제적인 수입을 확보할 수 있는 것이다. 지금 하는 일이 단순히 생계수단으로만 활용된다면 하루하루가 지겨울 뿐만 아니라, 삶의 보람을 느끼지 못하는 돈 버는 기계로 전락할 수밖에 없다.

이 세상의 직업 중에는 다른 사람에게 자신을 즐거움을 보여줌으로써 인정받고 자신의 가치를 상승시키는 직업이 있다.

이를테면, 각종 스포츠 선수라든지 대중가수 개그맨 등 연예인 등 이런 직업적으로 활동하는 사람들은 늘 다른 사람을 즐겁게 선사하고 그것을 평가받아 자신의 직업을 이어가는 대표적인 케이스이다. 이들은 다른 사람에게는 즐거움을 선사하지만 자신은 그들에게 웃고 즐거움을 선사하기 위해 끊임없는 연습도 하고 극도의 스트레스에 시달리기도 한다.

내가 평소 알고 지내는 한국의 대표적인 종편TV 예능PD가 어느 날 하룻밤에 돌연사하여 문상을 다녀온 적이 있다. 그것도 40대 초반의 젊은 나이이고, 평상시 지병도 없는 건강하고 평범한 가장이었기에 주변을 더욱 안타깝게 만들었다.

TV 예능프로그램은 한순간에 대박을 내는가 하면 그토록 많은 시간과 투자를 해서 준비한 것이 몇 회 방영을 하고 인기 프로그램이 뜨지 못하고 사라지는 경우가 비일비재하다. 그러다 보니, PD 입장에서는 엄청난 스트레스가 몰려오는 것이다. 결국 누적된 피로와 스트레스로 돌연사라는 불행한 사고가 발생된다. 자신이 갖고 있는 직업의 세계는 자신이 투자하는 에너지를 수반하게 된다.

그 일이 다른 사람에게는 즐거움이지만, 정작 자신은 다른 사람에 제공하는 치열한 노동이 될 수 있다. 이런 일이 다른 사람에게 보여주는 결과치만 생각한다면, 그 자체가 스트레스가 되고 그것이 자신의 정신과 건강을 갉아먹는 결정적인 치명타가 될 수 있는 것이다.

청년이 살아야 나라가 산다

자신이 하는 일이 스스로가 즐거워야 한다. 결과치가 다소 나쁘더라도 자신이 하는 일이 즐거움이 있을 때 그 직업에서의 성공 가능성이 높아지고 인생이 행복해질 수 있는 것이다.

知之者不如好之者(지지자불여호지자),
아는 사람이 좋아하는 사람을 이길 수 없고
好之者不如樂之者(호지자불여락지자)
좋아하는 사람이 즐기는 사람을 이길 수 없다.

일찍이 공자는 인생의 지호락(知好樂)을 강조하였다.

지(知)는 아는 것, 호(好)는 좋아하는 것, 락(樂)은 즐기는 것이다. 그중 최고의 가치는 락(樂)이다. 그것이 인간이 추구하는 행복한 최고 가치 실현 단계에 도달하게 하는 것이다. 그래서 자신이 하는 일이 즐거운 사람은 성공된 인생이고 행복한 사람이다.

자신이 하는 일을 통하여 살아가고 생계를 영위하고 그 일이 즐겁다면 인생의 최고 행복이다. 이런 일은 하늘이 내려준 천직(天職)으로 느껴지며 이럴 때 다시 태어나도 이런 일을 하고 싶은 것이다.

청년이 살아야 나라가 산다

청년다윗스쿨
사람들

우리가 살아가면서 자신이 걸어가는 길을 바꾼다거나 새로운 일을 시작하는 데는 어떤 계기가 있기 마련이다. 누구나 인생을 살아가는데 한번쯤 이런 것을 경험하게 된다. 그렇게 자신의 가는 행로가 바뀌거나 큰변화를 겪는 경우를 인생의 변곡점이라고 한다. 가령, 대학에서 전공을 선택한다든지 대학을 졸업 후 기업에 취직을 해서 새로운 업무를 맡아일을 하거나 직장이나 사회에서 어떤 사람을 만나 인생의 길이 달라지는경우가 있는 것이다. 때로는 자신이 걸어가는 길에서 오로지 앞만 보고걷다가 한 번쯤 자신을 걸어온 길을 돌이켜보는 기회가 생기기도 한다.

나 역시 대학을 졸업하고 대우에 입사하고 해외주재원으로 발탁되어 중국에서 근무하는 과정은 100미터를 오로지 앞만 보고 전력 질주하는 모습과 같았다. 그러다가 내 인생에서 가장 큰 변화를 갖게 되었다. 2000년도에 스스로 회사를 박차고 나오는 용단을 내린 것이 내 인생의크나큰 변곡점이 되었다. 그것은 그동안 정형화된 시스템 속에서 살아왔던 울타리에서 찬바람이 휘몰아 부는 허허벌판 광야의 세계로 나왔기 때문이다.

우리는 자신이 살아가면서 한두 번 정도는 이런 상황을 맞이하게 될것이다. 문제는 결단을 내리고 실행에 옮긴 다음이다. 일단 회사를 나온그때부터는 오로지 혼자 살아가야 하는 절박한 순간을 맞게 되기 때문이다.

나 역시 용기백배하게 회사 문을 박차고 나왔으나 현실적인 세계는 너무나 달랐다는 것을 나중에서야 알게 되었다.

내가 첫 사업으로 시작한 IT벤처 사업은 3여 년 만에 처절한 실패를 가져왔다. 실패의 후폭풍은 너무 컸고, 실패의 상처는 나 자신에게 많은 아픔을 남겼다.

이런 결과는 오랜 기간 직장생활을 했던 사람이 스스로 살아야 하는 자영업자, 개인사업자의 세계를 감상적으로 바라보았던 착각이 엄청난 된서리를 맞게 된 것이다. 하지만 이미 결정된 상황이고 돌이킬 수 없는 단계에 이른 것이다. 더욱이 집에서는 가장으로서 남편으로서 두 아이의 아빠로서 혼자 책임을 져야 하는 막중한 압박감에 시달리게 되었다.

하지만 지금에 와서 생각해보니 내가 첫 사업에 실패하고 방황했던 시절의 고통은 매우 컸지만, 그때가 내 인생을 다시 설계하는 계기가 되었다. 사업 실패 후 무엇을 할지 모르고 헤매는 나에게 잃어버린 꿈을 다시 그림을 그리는 기회가 된 것이다.

2005년에 새롭게 다시 시작한 한중교육사업이 지금까지 오게 되었다.

교육 사업은 얼른 듣기에 고상해 보이기도 하는 분야이다. 그러나 교육 사업의 좋은 뜻과 명분이 있어도 교육 프로그램을 가지고 비즈니스 모델을 만든다는 것이 쉬운 일이 아니었다. 교육적인 면에 치중하다 보면 수익시키기 어렵고, 수익적인 면을 강조하다 보면 교육의 본질에 손상이 가기 쉬운 특성을 갖고 있다. 그래서 적절한 균형을 맞춘다는 것이 참으로 어려운 일이기도 하다. 하지만 당장 회사를 운영해야 하고 가정적으로는 먹고 살고 자녀 교육 울 시켜야 하는 현실적인 문제가 가로막고 있는 것이다.

개인 사업을 10년 정도 해온 사장님들은 자신이 지나온 과정을 책으로 몇 권 써도 부족하다고 할 만큼 험난한 과정을 겪었다고 말을 한다. 그렇듯 직장인으로 살다가 개인사업자로 변신한다는 것은 정말 쉽지 않은 일이다. 하지만 이런 과정을 극복해야 하는 것이 사업의 본질이고 사업가의 인생이라고 생각한다.

나는 평생직장이라고 생각했던 대우를 나와 홀로서기 사업을 하면서 스스로 느끼고 체득한 것을 2015년 『바닥을 치고 일어서라』라는 책으로 출간했다. 평범한 월급쟁이 직장인이 회사를 나온 이야기를 담았다. 나와 같이 나락으로 떨어져 갈 곳을 못 찾아 헤매는 사람이 있을 것이라는 생각이 들었다. 그들과 용기를 공유하고 싶었다. 또한, 10여 년간 글로벌 청년 교육 프로그램을 진행하면서 느꼈던 소감을 담았다. 꿈이 없는 청년, 꿈을 잃은 세대, 날개 꺾인 아버지들과 희망과 용기를 나누고 싶었던 내용을 담았다.

나는 그때부터 앞으로 무엇을 할 것인가에 대한 생각을 했다.

내가 그동안 홀로서기 사업을 해온 10년, 15년이 있었다면, 앞으로 가야 할 10년, 20년이 있을 것이다. '앞으로 어떻게 살아가는 것이 좋을까?' 하는 말을 마음속으로 되새기며 늘 고민해왔다. 그러던 어느 날 불현듯 '기여'와 '공유'라는 단어가 머릿속에 스쳐 갔다.

'기여!'
'공유!'

얼른 메모장에 적어놓았다. 좋은 뜻이라는 생각이 들었다. 이 세상에 기여할 수 있는 일, 이 세상의 좋은 사람들과 공유할 수 있는 일이 무엇이 있을까? 매일같이 이런 생각에 잠겨 지내게 되었다.

'기여!'
'공유!'

이것이 지금의 내 인생의 화두(話頭)가 된 것이다.

아무리 좋은 생각도 실행이 중요하다. 그런 길을 찾아보자. 그래서 좋

청년이 살아야 나라가 산다

은 뜻을 실천할 수 있는 방법을 생각해보기로 했다.

'뜻이 있으면 길이 있다.'라는 말이 있다. 좋은 생각을 갖고 좋은 실천을 한다면 좋은 사람들을 만날 수 있을 것이라는 생각이 들었다. 그런 만남의 장(場)을 만들어보고 싶었다. 그것이 지금의 '청년다윗스쿨' 모임이 탄생되는 계기가 된 것이다.

'청년다윗스쿨' 모임은 서로 간 좋은 생각과 좋은 만남, 좋은 실천의 공유를 통하여 서로 간 용기를 주고 꿈과 희망을 나누자는 것이 기본 취지이다. 이런 생각과 실천이 모두가 어렵다고 아우성치는 이 세상이 조금이라도 밝고 긍정적인 세계가 되었으면 하는 바람이다.

1. 청년다윗스쿨 모임에서는

'청년다윗스쿨' 모임은 2017년에 첫 모임으로 출발하여 한두 명씩 모이기 시작되었다. 지금은 작은 모임에 불과하지만, 서로 간 꿈과 용기를 공유하는 커뮤니티의 장(場)이 되고 있다. 많은 사람들이 어렵다고 얘기하는 이 세상에서 서로 꿈을 얘기하고 용기를 북돋고자 하는 것이다.

한국에서는 카카오톡(KakaoTalk) 방에서 중국에서는 위챗(Wechat) 방으로 온라인상에서 서로 연락하고 좋은 내용을 공유하는 커뮤니티 활동을 하고 있다. 이렇게 주로 온라인상으로 교류가 이루어져 있기에 회원들이 서로 얼굴을 볼 수 있는 오프라인 모임을 갖자는 의견이 있어 1년에 한 번 정도 만나는 기회를 갖고 있다. '청년다윗스쿨' 모임은 아직은 출발 단계이고, 앞으로 여러 가지 아이디어를 수렴하여 지속 발전하고자 한다.

'청년다윗스쿨' 모임은 어떠한 정치, 종교, 상업적인 접근되어서는 안된다는 것을 기본으로 하고 있다. 이 시대의 청년들과 소통하며 서로 간 긍정의 에너지를 공유하고자 하는 순수한 모임을 지향한다.

한국 경제는 저성장시대를 맞이하여 소득 계층 간 양극화가 심화되고 '금수저 흙수저', '헬조선'이라는 냉소적인 분위기로 흐르고 있다. 이 안에서 좌절과 패배감을 갖고 살아가는 젊은 청년들이 모여 꿈과 희망, 용기를 나누며 살아가자는 것이다.

청년이 살아야 나라가 산다

2017년 2월 청년다윗스쿨 첫 모임

때로는 어려운 상황에 빠져 있는 사람들에게 용기를 주고, 꿈을 되찾는 가이드가 되길 바라고 있다. 조금이라도 이 세상에 밝고 희망찬 등불이 되고자 한다.

청년다윗스쿨의 명칭은 '청년다윗+스쿨'로 구성되어 있다.

우리에게 잘 알려진 다윗은 양치기 목동으로 엄청난 괴력과 무기를 가진 골리앗을 상대로 당당하게 맞서 싸워 이겼다는 인간승리 스토리의 주인공이다. 한국에서는 누구나 잘 알고 있는 인간승리의 감동 스토리이다.

스쿨(school)은 지금에 와서는 공부하는 장소, 학교로 통용되고 있지만 본래 어원은 고대 그리스어에서 공간 혹은 대화를 나누는 사람들이 모이는 장(場)으로 알려져 있다.

그래서 '청년다윗스쿨'은 청년 다윗과 같이 어느 사회에서 당당하게 살아갈 수 있는 자기만의 무기(실력)를 갖추고 자기 인생을 이끄는 사람들의 모임이 되자는 것이다.

청년다윗스쿨 비전

- 꿈과 희망을 만들어가는 사람
- 어려움(약점)을 딛고, 당당하게 일어서는 사람
- 그럼에도 불구하고, 포기하지 않는 사람
- 실제(實際)적이고, 실천(實踐)적인 사람이 되자

청년다윗스쿨 구호

- I CAN DO IT!
- NEVER GIVE UP!

청년이 살아야 나라가 산다

주어진 어려움 환경 속에서도 당당하게 살아가고 있는 '청년다윗'의 모습이 다른 사람들에게 귀감이 되고 롤 모델(role model)이 될 수 있는 사람을 발굴하고 널리 알리고자 한다.

이런 활동을 통하여 이 사회에 조금이라도 밝은 영향력을 줄 수 있는 장(場)을 만들자는 것이 '청년다윗스쿨' 모임의 기본 취지이다.

'청년다윗스쿨' 모임의 삼무이존(三無二存) 정신은 순수한 모임으로 발전하는 데 기본이 된다. 이 세상에는 수많은 모임이 있지만, 처음에는 좋은 취지에서 출발하다가 시간이 흐르면서 처음 취지와는 달리 변질되고 모임이 파행으로 치닫는 것을 자주 보게 된다. '청년다윗스쿨' 모임에서는 기본 취지가 끝까지 펼쳐나가기 위해서 삼무이존(三無二存) 정신을 주창한다.

삼무이존(三無二存)정신이란

– 삼무(三無) : 회장(會長)이 없다! (無).

회칙(會則)이 없다! (無)

회비(會費)가 없다! (無)

– 이존(二存) : 기여(寄與)하자! (存)

공유(共有)하자! (存)

삼무(三無) : 어떤 사람이 모임을 만들었다고 해서 자신이 회장을 맡거나 또는 회장이라는 직위나 명함을 좋아하는 사람들이 모임을 이끌어가서는 안 된다. 누구나 같이 참여하고 운영되는 모임이 되어야 한다.

좋은 생각에서 모이는 모임에는 특별히 회칙이 필요 없다고 생각한다. 뜻을 같이하는 사람을 동지(同志)라고 부른다. 동지는 나이가 많고 적음, 직위가 높고 낮음, 재산의 많고 적음을 초월한다. 뜻이 같으면 누구나 자연스럽게 통하고 서로 간 배움을 주고받는 즐거운 만남이 되는 것이다.
'뜻이 있으면 길이 있다.'라는 말이 있다. 서로 좋아서 만나고 소통하는 가운데 그 어떤 것이든지 만들어 갈 수 있는 것이다. 그러니 특별한 회칙이 필요 없다.

회비(돈)는 모임의 필요한 활력소가 되기도 하지만 그것으로 인하여 다툼이 되는 경우가 있다. 필요한 경비는 모든 사람들이 같이 부담하고 필요한 최소한 비용만 있으면 얼마든지 운영된다고 생각한다.

이존(二存) : 기여(寄與)와 공유(共有)되는 활동을 하자는 것이다.
세상에 태어나 다른 사람에게 좋은 영향력을 준다면 그 인생은 성공적으로 살았다는 말이 있다. 그러기 위해서는 우선 자신이 모범이 되어야 한다. 그것이 자신을 성숙된 인간으로 만드는 과정이 된다. 다른 사람들

청년이 살아야 나라가 산다

에게 귀감이 되고, 주변에 희망과 용기를 주며 기여하는 인생을 살자는 것이다.

또한, 서로가 공감하는 공유(共有) 커뮤니티가 되는 것이다.

좋은 생각의 공유, 좋은 만남의 공유, 좋은 실천의 공유를 통하여 인생의 참된 가치실현이 될 수 있다. 그 과정에서 모든 사람들이 행복해지는 사회가 만들어지는 데 도움이 되고자 한다.

'청년다윗스쿨' 모임은 북극성 별 같은 존재가 되고자 한다.

하늘에 떠 있는 북극성은 작은 별이라서 찾기 어렵다. 그래서 우리가 쉽게 북극성이 찾기 위해서는 북두칠성을 먼저 찾게 된다. 국자 모양의 북두칠성의 국자 끝의 두 개별을 연결한 가상의 선을 그리고 그 선을 약 5배 정도 연장하는 곳에 북극성이 있게 된다. 그만큼 북극성은 육안으로 쉽게 찾기 힘든 작은 별에 불과한 것이다. 하지만 우리 인류에게는 수천 년 동안 방향을 정해주는 상징물로 자리 잡고 있는 것이다.

오랜 기간 우리 인류는 어두운 밤에 산속에서, 칠흑 같은 밤바다에서 표류할 때, 가도 가도 끝이 없는 사막에서 길을 잃고 헤맬 때 북극성을 쫓아 방향을 찾아갔다. 밤하늘의 북극성은 우리에게 나침판 역할을 하고 있는 것이다. 지구가 자전하고 있는 가운데 움직이지 않은 고정된 것처럼, 세상의 중심축같이 여겨져 왔기 때문이다. 청년다윗스쿨모임은 북극성 같은 존재가 되는 것을 지향한다. 비록, 작은 모임일지라도 이 세상에 희망의 등불이 되고자 한다.

청년다윗스쿨모임은 한 마리의 작은 나비가 되고자 한다.

아마존강의 한 마리의 나비의 작은 날갯짓이 날씨 변화를 일으켜 폭풍우로 만들고, 미세한 변화나 작은 사건이 나중에는 엄청난 결과로 이어진다는 나비 효과(Butterfly effect)라는 말이다.

청년다윗스쿨의 작은 활동이 세상의 희망의 등불이 되고자 한다. 또한, 청년들이 힘차게 깃발을 휘날릴 수 있는 든든한 깃봉이 되길 바라고 있다. 서로 간 좋은 생각과 좋은 만남, 좋은 실천의 공유를 통하여 이 세상의 선한 영향력으로 작용하고자 한다.

청년다윗의 표상(表象)은 다른 사람에게 귀감이 되는 사람이다.

인생의 길을 걸어가면서 수많은 만남이 이루어진다. 슬쩍 지나가는 의미 없는 만남이 되기도 하고 어떤 만남은 그 사람의 인생의 길을 바꾸는 운명적인 만남으로 이어지기도 한다.

불교에서는 길 가다가 옷깃만 스쳐도 인연이라는 말을 한다. 그만큼 우리 인생사에서 사람 간의 만남은 연속되는 과정이다. 인생행로에서 좋은 사람을 만난다는 것은 큰 행운이 아닐 수 없다. 우리는 누군가는 만남

속에서 그 사람을 닮고 싶고 사람이 있기 마련이다.

지금 닮고 싶은 사람이 있는가? 많고 적음의 차이는 있지만 분명 닮고 싶은 사람과 누군가에게 좋은 모습으로 영향을 주고 있을 것이다.

우리가 만나는 닮고 싶은 사람은 이미 나름 성공하여 완성된 것 같이 보이는 사람도 있다. 또한, 자기 인생을 걸어가면서 나무에 조각을 해나가 듯이 하나씩 가꾸어가고 있는 사람도 있다.

인간으로서 지혜와 덕이 뛰어나 어느 경지에 이르면 우리 인류에게 성인이나 위인으로 길이길이 추앙되고 있는 사람이 있다. 하지만 우리 보통의 사람들은 일상을 살아가면서 미완의 인생과정이 대부분일 것이다.

그런 가운데에서도 다른 사람들에게 좋은 영향력을 주고, 귀감이 될 수 있는 사람들이 바로 청년 다윗의 표상(表象)이 된다.

2019년 3월 청년다윗스쿨 세 번째 모임

2. 청년다윗, 필(feel)꽂고 날다

가족 형제나 친구들 사이에서 이런 얘기를 한다.

"그 친구는 어디서나 잘 살아갈 거야."
"저 녀석은 사하라 사막에서도 살아 돌아올 놈이야!"

청년다윗은 어느 세계에서나 어려움을 극복하고 당당하게 살아가는 사람이다. 우리가 살아가는 인생은 순탄할 길만은 아니다. 걸어가는 길에서 수많은 극복하기 힘든 난관을 만나게 되고, 예상치 못한 상황에 처해지기도 한다. 그런 상황을 스스로 헤쳐나가는 용기와 끝까지 해내고 말겠다는 근성이 필요한 것이다.

아직 가야 할 길은 멀고 갖추어진 것도 미약하지만 지금 걸어가는 상황은 다른 사람들에게 귀감이 되고자 한다. 좋은 일은 널리 알릴 필요가 있고, 좋은 기운은 많은 사람들과 공유해야 더욱 빛을 발하게 된다.

우리가 살고 있는 사회에서 스스로 당당하고, 다른 사람들에게 귀감이 될 수 있는 사람을 찾아 알리는 것이 중요하다고 생각한다.

필자는 그런 사람을 발굴하고 인터뷰를 통하여 정리하고 이 세상에 널리 알리는 일에 앞장서기로 했다. 그렇다고 인터뷰에 나온 사람이 모든

청년이 살아야 나라가 산다

면에서 성공한 사람들이라고는 말할 수 없다. 대부분 아직 갈 길이 멀기만 하다.

하지만 자신이 살아가는 과정에서 최선을 다하여 자신의 꿈을 만들어가고 있다. 그 과정만큼은 다른 사람들에게 좋은 영향력을 주고 귀감이 될 만한 사람인 것은 틀림없다.

이렇게 인터뷰한 내용이 신문에 실리고 많은 사람들에게 알려지는 것이 자신들에게도 도움이 많이 된다고 말한다.

그들은 공통적으로 바쁜 사람들이다. 그동안 자기가 자기 자신을 돌이켜보고 정리할 시간이 없었던 사람들이 대부분이다. 하지만 공통적으로 남들과는 뭔가는 달랐다.

인터뷰를 마치고 기사화가 되면 그들은 대부분 이렇게 말하고 있다.

"앞으로 더 열심히 하겠습니다."
"저 자신을 돌이켜보는 기회가 되어 좋았어요."

필자가 전문적인 기자가 아닌 사람으로서 인터뷰한 내용을 글로 옮기고 신문기사 형식으로 재구성한다는 것이 그다지 쉽지 않은 일이다.

하지만 이 일을 통하여 그동안 잘 모르고 지냈던 사람들을 좀 더 가까이서 볼 수 있었다. 사실, 우리가 사회생활을 하면서 자주 만나는 사람도 그 사람에 대해 잘 모르는 것이 대부분이다.

그 사람에 대해 대충 알고 지내는 경우가 더 많다. 그 사람이 나이가 대략 몇 살이고, 어느 학교를 나왔는지 대강은 알지만, 그 사람이 가지고 있는 개인적 성격과 인간적인 고뇌 등은 잘 모르고 지내는 경우가 많다.

요즘 스마트폰 시대에서 인쇄된 책을 읽은 사람들은 날로 줄어드는 것이 현실이다. 그 대신 인터넷 기사로 필요 시 몇 페이지 정도 요약된 내용을 스마트폰으로 보면 쉽게 알아갈 수 있어 매우 편리하게 쓰이고 있다. 그렇게 알리고자 한다.

물론, 그들 역시 사회적으로 성공한 것도 아니고 앞으로 살아가는 데 있어서 어떤 역경을 겪을 수도 있다. 모든 것이 완성된 뒤 그 사람을 쓰는 것은 회고록, 자서전, 위인전으로 펴게 될 것이다.

돈을 많이 벌어 크게 성공했다든지 기업적으로 성공한 기업가가 되었다는 것보다는, 살아가는 과정을 스스로 이겨내면서 당당하게 서는 모습을 기록하고 싶다. 나는 인터뷰 기사 원고를 쓰고 다시 쓰면서 열심히 살아가는 그들의 인간적인 매력을 느끼고 있다. 참으로 보람되고 감사한 일이다.

우리가 이 세상에 태어나 살아가면서 주변 세상에 아무것도 기여되는

청년이 살아야 나라가 산다

역할도 없이 세상을 떠난다는 것은 안타까운 일이다.

자신의 어떠한 활동을 통하여 이 세상에 기여되는 것이 진정한 가치가 된다. 나는 이런 일은 나의 생을 마칠 때까지 계속하고 싶은 생각을 가지고 있다. 또한 같은 뜻을 가진 많은 사람들이 함께 참여하면 좋겠다는 바람이다.

3. 당당하게 살아가는 청년다윗 40인

좋은 일은 알려야 하고, 좋은 기운은 나누어야 한다.

2017년 5월부터 어느 세계에서나 당당하게 살아가고 있고, 주변에 귀감이 될 만한 사람들을 찾아 인터뷰를 하고 기사화시켜 〈월드코리안신문〉에 올리게 되었다. 〈월드코리안신문〉은 전 세계 730만 명 재외동포를 소식을 전하는 전문매체이다. 인터뷰 기사 내용은 월드코리안 인터넷 뉴스로 세계 각지로 나가게 되며 청년다윗스쿨 모임방에서 회원들에게 공유하고 인쇄 신문은 각지로 배포된다.

이 일을 시작한 지 약 2년 반 정도 지나면서 어느덧 40여 명을 인터뷰하였다. 앞으로 이 같은 일은 계속되어야 하고 세상에 널리 알려야 한다고 생각한다.

각 개인의 자세한 기사 내용은 〈월드코리안신문(www.worldkorean.net)〉과 네이버(naver) 등 포털사이트에서 검색할 수 있다.

① 나의 꿈, 나의 도전
- 국제물류 전문가로 도약하고 있는 박일준 지사장
 - 나의 길을 걸을 때 행복하다.
- 세계적인 방송 엔터테이너 꿈을 키워가는 박재용 방송인

청년이 살아야 나라가 산다

- 꿈을 크게 갖고 도전하면 실패하더라도 남는 것이 많다!

■ 글로벌 스타트업을 찾아 전 세계에 소개하는 유채원 영문기자

- 세상 밖으로 나와야 세상을 볼 수 있다.

■ 청년들에게 희망의 증거가 되고자 하는 이재희 박사/칼럼리스트

- 역경의 역사에서 굴기의 역사로!

■ "실행이 답이다"를 실천하는 전은정 씨

- 나만의 스토리를 만들어가라.

■ 끊임없는 도전으로 꿈을 만들어가는 중국 최대 투자회사 Fosun Group 이재철 전무

- 중국은 취업과 창업의 기회의 땅이다.

■ 남이 가지 않은 길에서 꿈을 꾸준히 만들어가는 임재영 변리사

- 차별화가 경쟁력이다!

■ 중국 상하이에서 태권도체육관을 운영하는 김성수 총관장

- 자신이 잘 할 수 있는 나만의 특기를 살려야.

■ 중국에서 최고 뮤지컬 안무가 꿈을 키워가는 장은숙 씨

- 중국 문화산업은 시작 단계이다. 진출 기회에 도전하라!

■ 중국 춘추항공(春秋航空) 한국총괄대표 조현규 씨

- 자신의 약점을 강점으로, 무식하면 용감하기라도 해야 한다.

■ 경험을 통해 진정한 '나'를 찾아야 한다는 전문 프리젠터 채자영 씨

- 다른 사람의 시선보다 내면의 '진짜 이야기'와 마주하라.

■ 중국 글로벌 기업에서 커리어 개발을 통해 새로운 길을 개척해나가
  는 김다예 씨

– 도전하는 사람에게 기회가 있다.

② 청년창업, 성공 그날을 위하여

■ 상하이 MAAN커피샵의 정의범 점장

– 중국에서는 커피샵, 요식업에 기회가 많아요.

■ 아르헨티나 이민 출신, 중국에서 꿈을 키워가는 강천우 청년사업가

– 자신의 강점은 살리고, 단점은 보완해야.

■ 스타트업 1세대 출신, 청년들과 함께하는 아이요넷그룹 신동욱 대표

– 덕숭업광(德崇業廣: 덕을 쌓아 기업을 넓혀 일군다)을 실천하자.

■ 중국 전문 물류 무역기업으로 성장하는 청년사업가 JTL국제물류
  김여수윤 대표

– 중국은 기회의 땅, 두려워하지 말고 도전하라!

■ 중국에서 유아교육사업 창업, 55개 체인점을 이룬 "상상락" 김희종
  대표

– 도전하는 자에는 성공의 기회를 얻을 수 있다.

■ 중국에서 떡볶이로 매장 30개 운영 '장상한품(掌上韓品)' 손하나 대표

– 중국인 손님들과 친구 가족같이 지내는 것이 성공비결입니다.

■ 중국에서 IT 강소기업으로 키워나가는 지오유(智悟有) 신판수 대표

- 끊임없는 변화와 도전으로 새로운 역량을 키워야.

■ 새로움을 추구하고 봉사하는 소이디자인 김기태 대표

- 100가지 생각보다 도전하고 실천하는 1가지

■ 여성의 벽을 넘어 자기 세계를 만들어가는 '태흥인더스트리'
  안성연 대표

- 스스로 유리천장을 깨는 노력이 필요하다.

■ 한국 청년들이여 스스로 부딪치고 기회를 만들어라!

- 상하이 백제어학원 오은석 원장

■ 자신의 창업경험을 청년 스타트업 지원에 앞장서는 'GAROSU(가로
  슈)' 이승진 대표

- 한국 청년들에게 꿈과 희망을 주는 멘토 기업가가 되고 싶습니다.

■ 여행자와 현지인 연결 플랫폼 서비스 ㈜라이크어로컬 창업한 대학
  생 현성준 대표

- 끝까지 해보겠다는 의지가 있다면 창업에 성공할 수 있다.

③ 같이하면 더 멀리갈 수 있어

■ 한국 청년들의 글로벌 창업을 돕는 네오플라이차이나 신동원 대표

- 인생의 가치(Value)를 올려야 진정한 성공으로 가는 길

■ 청소년들에게 꿈과 희망을 심는 데 앞장서는

- 상하이 · 쑤저우 백범스카우트' 이귀화 대장

- 중국인들에게 한국어 무료교육을 통하여 한중교류에 앞장서는 '상하이 한글학당' 이동규 훈장
- 상하이에서 청소년 역사교육을 앞장서는 이명필 대표
– 마음의 지배영토를 넓히고 세상으로 나가자.
- 구당 김남수선생 '무극보양뜸'을 계승 발전시키는 이은화 박사
– 자신이 좋아하는 분야에서 승부를 걸어야 성공으로 가는
- 마라톤 풀스 완주 102회, 마라톤으로 인생을 가꾸는 전영수 씨
– 마라톤으로 중국인들과 순수 교류를 통해 민간외교 앞장서
- GLOBAL비즈니스 리더 양성하는 대우 GYBM(글로벌청년사업가양성 과정)
– 도전하라! 세계는 넓고 할 일은 많다!
- 4차 산업혁명 리더로 성장하는 FUVIC(푸단대경제연구학회)
- 미래의 워런 버핏 꿈을 키워가는 중국 복단(復旦,푸단)대학 창업동아리 SETA

④ 2막 인생, 활기찬 인생
- 4차 산업혁명에 대비할 교육프로그램 개발에 앞장서는 '마루코딩교실' 강태현대표
– 20년간의 IT기술 경험을 2막 인생을 만들어가고 있다.
- 청년 미술 작가와 꿈을 키워가는 '상해상윤무역' 박상윤 대표
– 중국 상해에서 '윤아르떼' 갤러리 운영하며, 한국청년 미술작가 도와.

청년이 살아야 나라가 산다

- 행정고시 출신 공무원 간부 출신으로 안정된 길을 나와 자신의 길을 만들어가는 심상희 변리사
  - 지금 가는 길에 신념이 있다면, 그 선택은 옳은 것이다.
- 어려운 이웃들과 함께하는 삶이 즐겁다는 CSR전문가 오거부 씨
  - CSR(기업의 사회적 책임)은 선택이 아닌 필수다.
- 제2막인생을 성공적으로 이끌어가는 '신화중고명품' 이기웅 대표
  - 자기가 잘 할 수 있는 분야에서 철저한 준비가 성공요소이다.
- 대기업간부로 은퇴 후, 현업 전문가로 활동하는 이낙정 씨
  - 끊임없이 배우는 자세로 직원들과 소통하고 있어요.
- 40년 무역실무 경험 전수, 젊은 청년으로 살아가는 정대희 대표.
  - 나의 경험과 지식을 전달할 수 있어서 좋아요.

총 40명 인터뷰 기사 중 ㈜라이클로컬 현성준 대표, 중국 글로벌 기업에 취업한 김다예 씨, 대우 세계경영연구회 GYBM(글로벌청년사업가양성 과정), '신화중고명품' 이기웅 대표 내용을 소개한다.

■ 여행자와 현지인 연결 플랫폼 서비스

㈜라이크어로컬 창업한 대학생 현성준 대표

라이크어로컬 현성준 대표(오른쪽)

빠른 세상의 변화는 산업과 문화의 트렌드를 바꾸고, 소비자의 다양한 요구는 한층 높아지고 있다. 외국을 여행할 때 여행사를 통한 전통적인 여행서비스보다 개별여행을 선호하는 층이 늘어가는 추세이다. 특히, 2030세대를 중심으로 젊은 세대는 외국의 현지인들과 좀더 가까이 지내고 싶어 하고, 나만의 여행계획을 만들고 싶다는 트렌드로 바뀌고 있다. 낯선 나라의 현지 여행, 문화 정보를 어떻게 구할까?

한국여행을 하고 싶은 외국인 여행자와 국내 한국인을 연결하여 질문과 답변이 가능한 플랫폼(앱. 웹)을 운영하는 ㈜라이크어로컬을 창업한 현성준 대표는 현재 대학에 재학 중인 학생이다.

"라이크어로컬(Traveling Like a Local)은 여행자가 현지인처럼 즐기며 여행할 수 있게 만들자는 비전으로 회사명을 정했어요. 외국여행을 할 때 현지인처럼 먹고 즐기며 살아보고 싶은 여행수요가 전 세계적으로 늘어가는 추세입니다. 하지만 실제적인 현지 여행 정보와 문화 정보를 구하기가 어렵다는 것에 착안하여 여행서비스 플랫폼을 개발하였습니다. 에어비앤비(Airbnb)가 여행자와 현지인 간에 숙박을 매개로 연결하는 비즈니스라면, 라이크어로컬은 여행자와 현지인을 질문답변 방식으로 여행정보를 주고받도록 연결하는 비즈니스입니다."

현성준 대표는 평소 여행을 좋아해 혼자서 국내와 해외를 다양하게 다녀보면서 현지인들의 삶의 방식을 직접 체험해보는 방식으로 여행을 즐겼다. 외국의 유명관광지를 가보는 것도 좋지만, 현지인들의 삶과 문화를 알아보고 그들과 함께 교류하고 싶었다. 그는 여행에 앞서 일반적인 여행 정보가 아니라 현지인이 향유하는 진짜 정보를 알기 위해서, 온라인에서 모르는 현지인에게 정보를 묻거나 여행지에서 직접 거주민에게 질문하고 답변을 받게 되었다. 이렇게 자신만의 여행 정보를 찾아가는 데에서 즐거움을 느끼게 되었다.

"창업연수를 위해 2015년 처음으로 중국 상해에 가보는 기회를 얻게 되었습니다. 이 연수를 통해서 중국을 포함한 중화권의 여행 시장은 어마어마하게 크다는 것을 알게 되었어요. 중국의 해외여행자는 이미 1억5천만 명을 넘었으며, 일반적으로 우리가 생각하는 중국 여행자의 모습과 다르게 80년대 이후 세대에서는 단체 여행이 아닌, 개별적인 자유여행을 즐기는 여행자가 늘어가고 있습니다. 그래서 현지의 정보를 주고자 하는 질문답변 서비스를 시작할 때 '한국을 여행하는 중화권 자유여행자'를 대상으로 우선적으로 진행해야겠다고 생각했습니다."

현 대표는 2015년도 대학 3학년 1학기를 마치고 장기 휴학에 돌입하였고 2016년 10월, 3명의 공동창업자가 모여 라이크어로컬을 창업한 지도 어느덧 3년이 지났다. 현재, 라이크어로컬에서 웹과 앱을 통해 운영되는 한궈원워(韓國問我)는 중국어로 '나에게 물어봐.'라는 뜻으로 중국본토, 타이완, 홍콩, 말레시아 등 중국어를 사용하는 여행자들이 한국여행에 대한 궁금증을 직접 묻고 한국인 중 중국어가 가능한 사람들로부터 답변을 받는 서비스를 제공하고 있다.

중국어로 답변이 가능한 한국인 답변자를 구하기 위해 전국의 100개가 넘는 대학교의 중국과 관련된 학과 학생들에게 일일이 설명하고 모집하는 발품을 팔았다. 현재, 플랫폼에 접속하고 있는 활성유저(User)는 매월 5만 명~6만 명으로 앞으로 10만 명까지 사용할 수 있도록 발전시킬 계획이다.

"취업에 대한 생각은 처음부터 없었어요. 지금 하는 일이 재미있고, 스스로 가치를 만들 수 있어 좋습니다. 더욱이 제가 하는 일을 통하여 다른 사람들에게 도움을 줄 수 있다는 것에 기쁘게 생각합니다. 창업에 있어 많은 변수와 불확실성이 있어 두려움이 있는 것도 사실입니다만, 제가 하는 일이 재미있고 즐겁기에 극복할 수 있었던 것 같습니다. 하루에 3~4시간을 잠을 자고 일에 매달려도 피곤함보다는 즐거움을 가지고 일을 하고 있습니다."

전국 대학에서 온 라이크어로컬 서포터즈들과 함께

청년이 살아야 나라가 산다

현 대표는 고등학교시절에도 창업에 대한 관심이 많아서 뜻이 맞는 11명의 친구와 함께 청소년 학술대회를 주최하는 교육 관련 창업을 하기도 했다. 또한, 대학교 창업지원단에서 실시하는 다양한 창업 프로그램에 적극 참여하였고, 창업 아이템사업화 선정으로 3,850만 원을 지원받은 것이 유용한 종잣돈이 되었다. 라이크어로컬은 창업한 지 3년을 지나는 동안 중국어권은 시스템적으로 안정화가 되어, 앞으로 한국을 여행하는 영어, 일본어 여행자를 대상으로 서비스 영역을 확대할 계획이다.

창업 초기에 현 대표를 포함하여 개발과 마케팅을 담당하는 3명의 멤버에서 현재는 9명으로 늘었고, 사무실은 네 번 이사하게 되었다. 현재는 패스트파이브 을지로 점에 입주하여 쾌적하고 업무 효율이 높은 사무환경을 확보하였고, 중국천진(天津)에 현지법인을 운영하고 있다. 현재의 수익모델은 정보를 찾는 여행자를 대상으로 한국 여행 액티비티 상품을 판매하고, 한국관광공사나 지방자치단체의 프로젝트를 진행하는 방식으로 구성되어있다. 앞으로 방한 외국인을 대상으로 광고하고자 하는 기업체를 대상으로 광고 공간을 제공하여 서비스 내에서 많은 거래가 이뤄지도록 할 계획이다.

라이크어로컬 직원들과 함께. 맨 오른쪽 청년이 현성준 대표이다.

"앞으로 다양한 한국 여행 콘텐츠를 개발하고 한국을 방문하는 외국인 개별여행자들의 여행 성향을 담은 빅데이터를 활용하여 국내 인바운드에서 가장 큰 영향력을 발휘하는 트레블테크(Travel Tech) 기업으로 성장하고자 합니다. 이를 이루기 위해서는 최고의 사람들과 함께해야 합니다. 창의적인 인재들과 함께 회사를 키워가고 싶습니다. 저희 라이크어로컬은 일적인 즐거움을 느끼고, 스스로 가치를 실현할 인성(人性)을 최우선하고 있습니다. 또한, 새로운 것에 대한 호기심을 갖고 배움에 대한 욕심이 많은 사람을 동료로 원하고 있습니다."

현 대표는 대학생 창업자로 자신과 같이 대학생 창업에 관심이 있는 사람들에게 창업에 대한 노하우(Knowhow)와 경험을 공유하고, 이들을 돕는 데 앞장서고 싶어 한다.

"창업은 취업의 대안이 될 수 없고, 그보다 훨씬 힘들고 어려운 것이 사실입니다. 그래서 현실감 없이 접근해서는 안 된다고 생각합니다. 하지만 능동적이고 스스로 가치실현을 하고 싶은 욕구가 강한 사람은 창업에 도전해 보는 것을 권유하고 싶습니다. 여전히 세상에 나오지 못한 창의적인 아이템은 많이 남아 있습니다! 자기 자신에 대한 확신과 현실적인 부분을 고려해 끝까지 해보겠다는 의지가 있다면 충분히 창업에 도전하여 성공할 수 있다고 생각합니다."

■ 중국 글로벌기업에서 커리어 개발을 통해

새로운 길을 개척해 나가는 김다예 씨

세계 최대 IT유니콘 중국기업에 근무하는 김다예 씨

누구에게나 기회는 찾아온다. 그 기회를 어떻게 활용하는가에 따라 인생의 차이는 크게 달라질 수 있다. 전화위복이라는 말이 있다. 닥쳐온 어려움과 난관이 오히려 좋은 계기가 된다는 말이다. 어떠한 상황에서도 자신이 가고자 하는 방향에서 꿈을 찾아가다 보면 좋은 기회가 생긴다는 것이다. 김다예 씨는 중국 상해에 위치한 세계 최대 유니콘 IT 기업에서 APAC지역 담당자로 근무하고 있다.

경영학 전공인 김다예 씨는 한국에서 대학을 다니는 동안 적극적으로 해외 프로그램에 참가하였다. 북경으로 어학연수 프로그램을 한 학기 했었고, 이후 영국에서 해외 교환학생과정으로 1년간 유학하게 된다. 또한, 한 학기 동안 국내 기업에서 인턴을 마치고, 1년간의 창업 경험 이후, 일본 동경에서 일과 학업을 병행할 수 있는 프로그램을 통해 일본 생활을 시작하게 된다.

"저 역시 졸업을 앞두고 본격적인 취업 준비에 몰두했습니다. 취업준비 하면서 한편으로 영어를 가르치는 아르바이트를 병행했는데 엔젤투자자의 제안으로 기업체 회사원 대상으로 온라인 어학 콘텐츠 기업을 창업하여 1년간 많은 매출을 올리는 성과도 경험했습니다. 그 수입으로 일본으로 유학을 떠나 도쿄에서 학업도 하고 일을 하면서 일본 생활을 1년간 했습니다."

영국 유학 때 세계 각국에서 온 친구들과 함께

김다예 씨는 일본에서 생활하는 동안 북경 유학 시절에 알게 된 포르투칼 친구를 만나게 된다. 그 친구가 북경에 있는 IT 스타트업 기업에서 한국과 일본을 담당할 사람을 선발한다는 제안을 받고 중국 북경에 취업을 하게 된다.

이를 계기로 중국의 IT, 콘텐츠 업계 및 스타트업 등에 관심을 가지게 되었다. 북경 IT 콘텐츠 기업에서 2년간 미국, 유럽, 일본 지역의 해외사업개발을 담당했고, 심천 드론(drone) 회사에서 1년간 미주지역 파트너십 담당 근무를 거쳐, 상해로 오게 된다. 상해에서는 한국, 일본, 동남아시아 지역 기업 브랜딩 업무를 맡고 있다.

청년이 살아야 나라가 산다

김다예 씨는 중국의 글로벌기업에 취업하여 자신의 꿈을 키워나가고 있다. 한국의 취준생 들에게 중국 글로벌기업의 진출도 좋은 발전 방안이라고 제안한다.

　"지금 중국에는 글로벌 기업으로 성장하고 있는 많은 기업들이 있습니다. 이런 기업에서는 전문적인 외국인력을 많이 찾고 있어요. 외국인 인력에 대한 대우도 좋습니다. 회사 직원들이 매뉴얼적인 업무보다는 독창적인 아이디어를 내고, 그에 따른 결과물을 만들어내는 분위기입니다. 업무의 효율성과 스피드를 내는 것 같아 좋다고 생각합니다. 많은 중국기업들이 "글로벌" 기업이 되기 위해 상당한 노력을 들이고 있다. 사실 보면, 중국 내수로 성공한 기업이 아주 많지만, 중국 이외의 지역에서는 아직 미국기업들이 거의 독점을 하고 있기 때문에, 중국 IT기업들은 기본적으로 글로벌 마인드를 가지고 있는 사람들 필요로 하고 있습니다."

　일반적으로 중국의 글로벌기업에서는 직무 위주의 채용이 많고, 회사에 맞는 인재상을 키워나가기보다는 self-driven한 인재를 선호하는 편이라는 것이다. 즉, 입사한 첫날 바로 업무에 투입 가능한 사람을 필요로 하고 있다. 성공적인 취업을 위해 JD를 확인하고 구체적으로 업무 내용 중 어느 부분에 기여할 수 있는지 어필하는 것이 중요하다. 보통 4~5번의 면접 프로세스가 있으며 영어 및 중국어로 진행하게 된다.

중국이 넓고 거리가 먼 관계로 보편적으로 면접은 면대면 직접면접이 아닌, 비디오 콜로 진행되는 경우가 많은 것도 특징이다. 김다예 씨도 1차 면접부터 최종 디렉터 면접까지 모두 비디오 콜로 진행했다고 한다.

　"저희 회사 내에서 사용하는 언어는 기본적으로 문서는 영어, 개발자 등 중국 동료와의 회의 시에는 중국어, 외국인 동료와의 회의는 영어, 외부 파트너사와는 일본어 및 영어를 사용하고 있습니다. 회사 내 동료들의 국적도 다양하여 미국, 프랑스, 독일, 인도네시아, 일본, 캐나다, 싱가포르, 인도, 브라질 등입니다. 업무도 다양하고 재미있게 직장 생활하고 있습니다. 누구나 자기만의 독특하고 특별한 역량을 갖고 있으며, 그것을 최대한 활용할 수 있는 직무와 기업을 찾다 보면 좋은 기회를 만날 수 있다고 생각합니다."

　　　　　　　　　　　　　청년이 살아야 나라가 산다

기업 브랜드 홍보마케팅 활동하는 김다예 씨

■ GLOBAL비즈니스 리더를 양성하는

대우 GYBM(글로벌청년사업가 양성 과정)

글로벌 청년사업가 양성과정 GYMB 국내 연수 입소식

1967년 대우실업으로 출범한 이래 한국 고도 경제발전과 함께 성장하며 전 세계 오대양육대주를 누비며 세계경영 글로벌 비즈니스의 상징이 되었던 대우그룹이 1997년부터 불어 닥친 IMF외환 위기를 풍랑을 겪으면서 1999년에 그룹이 해체되는 불운을 겪게 되었다.

대우그룹이 해체되고 많은 사람들이 대우를 떠났지만, 당시의 대우그룹 계열사는 여전히 활발하게 활동하며 건재하다. 또 당시 대우에서 근무했던 많은 인재들은 지금도 세계시장에서 많은 활약 중에 있다.

대우는 지난 50여 년간 한국의 눈부신 산업발전의 주역으로 전 세계를 누비며 해외시장을 개척했던 대우인 들의 땀과 열정은 지금도 많은 사람들에게 큰 아쉬움으로 남아 있다.

대우그룹은 해체되었지만, 대우가 추구했던 도전, 창조, 희생의 대우정신을 계승하자는 취지로 2009년에 '대우세계경영연구회(회장 장병주)'란 이름으로 다시 모이게 되었다. 대우세계경영연구회(이하, 세경연)에서는 특히, 한국 청년들이 대학 졸업 후 취업난으로 어려움을 겪고 있는 암울한 현실에서 한국의 청년들에게 더 큰 세계로 나가 꿈과 희망을 주고자 글로벌청년사업가양성과정(Global Young Business Manager : GYBM)과정을 개설하게 되었다. 한국의 청년들을 1년간 교육시키고 베트남, 미얀마, 인도네시아, 태국 등 동남아국가에 해외취업을 시키자는 것이다. 2011년 첫 번째 사업으로 베트남 달랏(Dalat) 1년간 40명을 연수시키고 현지 한국기업에 100% 취업을 시키는 쾌거를 이룩한 것이다.

대우 GYBM 프로그램교육내용은 현지 외국어 능력, 글로벌 역량, 글로벌 리더십, 직무 역량 등을 연간 1900여 시간으로 진행되고 교육생 전원이 합숙으로 진행된다. 교육 기간 중 연수비(교육비, 숙식비, 항공료, 상해 보험료, 문화 탐방비 등)를 전액 지원하고 있다. 특히, 한국에서 쉽게 접하지 못하는 베트남어, 미얀마어, 인도네시아어, 태국어 등 현지어를 현장 중심 언어교육으로 1년 동안 집중교육하여 한국의 대학교 4학년 수준 이상 언어 습득을 목표로 하고 있다.

GYBM프로그램의 궁극적 목표는 해외 취업과 창업을 통한 패키지형 프로그램으로 설계되었다. 뿐만 아니라, 그동안 대우그룹에서 일하면서 터득하고 많은 경험을 갖고 있는 대우 출신으로 구성된 멘토링으로 해외 생활에서 필요한 경험과 해외 비즈니스 지식과 경험을 공유함으로써 국제 비즈니스맨으로 성장하는 데 도움이 되도록 했다.

연수생들의 선발은 전국대학교에서 100% 공개모집으로 개인별 심층 면접을 실시하며 인성과 도전의식, 끈기, 태도 등 기반으로 글로벌 취업 및 창업 의지가 확고한 인원을 종합 심사를 통하여 선발하게 된다.

2011년에 처음 출범한 베트남은 초기 연간 40명 규모에서 현재 100명 규모로 늘어났으며, 주변 국가에도 필요성이 요청되어 2014년부터 미얀마 2015년부터 인도네시아 2016년부터 태국을 점차 확대해나갔다. 현재까지 배출된 인원은 1000여 명에 이른다.

청년이 살아야 나라가 산다

이렇게 배출된 인원 중에는 이미 많은 사람들이 현지 기업에서 핵심역할을 할 뿐만 아니라, 상당수가 중견간부로 성장하고 있다.

송해란 씨 / 베트남 5기(2015.8.1~2016.12)/ 세코닉스 근무중

"영어 이외에 다른 한 가지 외국어를 배우고자 하는 것이 오래된 꿈이었습니다, 또한, 졸업 취업 결혼으로 이어지는 계단처럼 주어지는 인생보다는 제가 하고 싶은 일 해보는 인생을 살고 싶었습니다. 현재 회사에서 구매, 자재, 수출입 업무를 맡고 있는데 대우GYBM 과정에서 배운 지식과 정신이 업무를 하는데 큰 힘이 되고 있습니다. 도전하는 데는 늘 장애물이 있기 마련입니다. 하지만 베트남 근무하면서 어떤 장애물을 만나면 '까짓것…'이라는 생각이 드는 체질 변화가 생겼습니다. 처음부터 좋은 길은 없다고 생각합니다. 좋은 길을 만들기까지는 그만큼 시간이 걸리고 노력과 인내가 필요합니다."

송해란_현지직원들과 함께

송해란_ 베트남 현지 직원들과 함께 즐거운 식사 시간

청년이 살아야 나라가 산다

김현철 씨 / 인도네시아 1기(2015.10~2016.06) / PT.KMK 근무 중

"제주가 고향인 저는 어려서부터 더 큰 세계로 나가는 것을 꿈꿔왔습니다. 호주에서 워킹홀리데이를 하던 중 우연히 대우GYBM을 알게 되었고, 연수과정에서 김우중 회장님의『세계는 넓고 할 일은 많다』라는 책을 읽으면서 감동과 미래에 대한 확신이 들었습니다. 프로그램에 참가하면서 GYBM 멘토링 시스템은 다른 어느 곳에서도 찾아보기 어려운 특별한 것입니다. 현지의 멘토님들이 부모님과 같이 따뜻하게 많은 조언과 지도를 해주심에 감사함을 느끼고 있습니다. 인도네시아는 2억5천만 명의 인구 대국이고, 거대한 내수시장을 갖고 있습니다. 좁은 한국에서 경쟁하기보다는 더 넓은 세계로 나가는 것이 좋다고 생각합니다. 도피성 해외

김현철_인도네시아 직원들과 함께

취업이 아닌 진정한 자신의 꿈을 찾기 위해서 동남아시아 시장으로 눈을 돌려보는 것이 좋다고 생각합니다. 제가 근무하는 곳은 신발제조 회사인데 생산 계획업무를 담당하고 있습니다. 입사와 동시에 중간관리자로 근무하기에 어려움도 있지만, 그만큼 빨리 업무를 익힐 수 있는 좋은 기회가 되는 것 같습니다."

김훈희 씨 / 미얀마 2기(2015.8~2016.3) / UNIVERSAL APPAREL 근무 중

"친구의 소개로 대우GYBM을 알게 되었습니다. 지금 생각하니 너무 좋은 기회였던 것 같습니다. 저희 회사가 봉제 기업이기에 생산 라인에 인원이 많습니다. 직책은 계장이지만, 업무 범위는 생산총괄로서 많은 업무를 접하고 있습니다. 해외 근무에서 가장 중요한 것은 원활한 언어 능력이라고 생각합니다. 업무 범위가 넓고 하는 일이 많기에 현지인들과의 의사소통이 중요합니다. 또한, 저의 경우 외국 경험이 전혀 없었던 평범한 공학도였기에 그동안 저 혼자만의 틀이 갇혀서 살았던 것 같습니다. 외국에 나와서 보니 저 자신의 틀을 깨는 좋은 기회였다고 생각합니다. 저의 단기적인 목표는 공장책임자이지만, 나중에는 사업을 총괄하는 법인장이 되는 게 꿈입니다."

청년이 살아야 나라가 산다

김훈희_미얀마 직원들과 업무 회의

UNIVERSAL APPAREL 근무 중인 김훈희 씨

대우 세경연에서는 매년 5월~6월경에 전국대학교를 대상으로 대우 GYBM 참가자를 모집하고 있다. 참가를 희망하는 사람은 산업인력공단 월드잡(www.worldjob.or.kr)과 대우세계경영연구회 글로벌YMBwww. globalybm.com을 통하여 신청을 받고 있다.

"대우 세경연에서 실무책임을 맡고 있는 박창욱 전무는 "글로벌 차원에서 큰 사업가가 탄생되기까지는 시간이 걸리고 쉽지 않은 것입니다. 그만큼 자신이 스스로 성공에 대한 확신과 노력이 있어야 합니다. 조만간 현지에서 취업한 연수생 출신들이 글로벌 기업에서 중요한 역할을 담당할 임원급도 나오고 스스로 창업하여 전 세계를 누빌 큰 사업가가 나오리라고 믿고 있습니다. 그동안 청년사업가 양성사업이 이끌어오는 데 많은 대우 출신 임직원들의 헌신적인 노력과 정부의 고용노동부와 산업인력공단의 적극적인 재정지원이 큰 힘이 되었습니다. 한국의 많은 청년들이 해외에서 자신의 꿈을 펼쳐나가길 희망합니다. 여전히 세계는 넓고 할 일은 많습니다. 기회는 도전하는 사람만이 얻을 수 있습니다."

청년이 살아야 나라가 산다

대우세계경영연구회 박창욱 사무총장(가운데)
한국에서 출발 전 사전 교육 연수생들과 함께

■ 제2막 인생을 성공적으로 이끌어가는

'신화중고명품' 이기웅 대표

성공적인 2막 인생을 펼쳐나가고 있는 신화중고명품 이기웅 대표

현대사회는 100세 시대이다. 과거 세대와 달리 직장에서 은퇴 후 오랜 기간 여생을 보내야 한다. 이 같은 고령화 현상이 큰 사회 문제로 부상되는 가운데 직장에서 퇴직 후 어떻게 보내는가에 따라 행복지수가 달라지는 것 같다.

그래서 직장에서 은퇴, 퇴직 후 2막 인생 모습이 많은 사람들의 고민거리가 되고 있다. 한국에서 유명 대기업 언론사에서 30년 근무를 마치고, 자신의 길을 개척하고 있는 '신화중고명품' 이기웅 대표는 자신이 잘 할 수 있는 분야를 찾아 성공적인 2막 인생을 만들어가고 있다.

주로 신발, 가방 등 해외 유명브랜드 중고명품을 판매하며, 하자가 있는 구두, 가방을 전문적으로 수선해주는 서울 행당동 아파트 상가에 자리 잡고 작은 점포이다.

이 대표는 한국에서 최고 명문 국립대학을 졸업하고, 유명 대기업 언론사 전산실에서 각종 아날로그 정보를 디지털 데이터로 전환하는 신문사 전산시스템을 구축하였고, 국내 유명 종편TV에서 기술국장으로 정년퇴직을 하게 되었다.

그가 퇴직 후 중고명품수선 점을 창업한 것이 어느덧 3년을 넘었다. 오랜 기간 직장에서 근무를 했던 사람이 새로운 분야에서 창업을 한다는 것은 쉬운 일이 아니다. 그 역시 직장에서 흰 와이셔츠와 넥타이를 매고 잘 나갔던 사람이 하루 아침에 하던 일을 바꾸어 작업복을 입고 구두를 수선한다는 것은 대단한 결단의 용기가 필요한 것이다. 한편으로는 주변의 시선도 의식할 수밖에 없었다고 한다. 우선, 가까운 가족들도 과연 그런 일을 할 수 있을까 하는 의구심도 있었고, 주변 사람들도 그동안 근무했던 경험을 살려 연관된 기업에 재취업하는 것을 권유하기도 했다.

"퇴직 후 할 일에 대해 많은 고민했습니다. 제가 할 수 있는 일을 찾아 도전해보기로 했어요. 우선, 내가 잘 할 수 있는 일을 정리해보았어요. 또한 적은 투자로 사업경험을 얻고 싶었어요. 그렇게 할 일을 좁혀 나가다 보니 지금의 명품수선 업에 접근된 것 같습니다. 아직은 더 배우고 기술을 올리는 단계입니다. 각종 가죽의 특성을 이해하고 염색, 수리 방법을 배우며 나만의 기술을 만드는 데 노력하고 있습니다."

이 대표가 용단을 내려 창업했지만, 사업의 길은 순탄치 않았다. 중고 수선기술이 확보되지 않은 상황에서 고객을 접한다는 것은 상당한 어려움이 많았다. 일단 수리를 맡은 이상 고객이 만족시켜야 한다. 까다로운 고객을 만나는 것은 당연한 일이고, 어떻게 해서든 그 고객을 만족시켜야 한다. 수선을 하는 방법에 대해 고민도 해보고 수많은 시행착오를 겪었다. 또 한편으로, 주변에 알리는 것이 급선무였다. 동네 근처에 벽보를 붙이기도 하고 아파트주민들에게 전단지를 돌리는 일에도 열중했다.

청년이 살아야 나라가 산다

한국 유명 TV 언론사에서 기술국장으로 근무 시절 이기웅 대표

그가 전산실 IT출신의 장점을 살려 자신의 수선 상품을 블로그에 올려 고객들에게 다가서고 고객과 네트웍을 만들기 위해 한 번이라도 연락되었던 고객은 빠뜨리지 않고 리스트업 하여 SNS소통에 힘을 기울이고 있다.

그동안 한국에서 최고 명문 대학을 나와 유명 대기업신문사에 근무했던 사람이 중고 구두수선을 하는 것에 의구심을 품었던 주변 사람들도 이제는 보는 시각도 달라지고 오히려 부러워하는 사람도 나오고 있다고 한다.

"부모님께 감사하고 있습니다. 저에게 공부를 할 수 있는 머리를 주었고, 무엇이든지 잘 고치는 손재주를 남겨주신 것 같습니다. 저는 농촌 시골 태생인데 어려서부터 집에 있는 농기구, 자전거 선풍기 수리는 도맡아 했습니다. 퇴직 후 무슨 일을 할까 고민하다가 제가 잘할 수 있는 분야를 생각해낸 거지요. 지금은 즐겁게 일을 하고 있습니다."

평생 직장을 다니다가 퇴직을 한 사람들의 공통적인 고민이 출근할 장소가 없다는 것이다. 그래서 산에 오르기도 하고 나름 취미활동을 하기도 하지만 오래 가지 못하고 포기하는 것은 생산적인 일이 아니기 때문이다. 그래서 2막 인생의 일의 선택이 중요하다.

이 대표는 그동안 다녔던 직장에서 퇴직하면서 창업이 공백 없이 바로 이어졌다. 회사 다닐 때 휴일이나 여유시간이 있을 때 창업에 대한 사전 준비를 해두었던 것이다. 그는 창업에 들어가는 초기자본도 최대한 적게 하고 사용했다. 모든 사무집기, 물품 등은 재활용품을 사용했다. 아직 사업에 대한 경험이 없기에 무리한 투자를 하지 않고 싶기 위해서이다.

그는 하루 일과를 즐겁게 보낸다. 매일 아침에는 테니스동호회에서 테니스를 즐기고 집에 돌아와 샤워하고 행당동 사업장으로 출근한다. 이전에 회사 다닐 때와는 달리 자기 시간 내기가 쉽다. 월요일부터 토요일까지 할 일이 꽉 차 있다. 일요일에는 명품중고 도매시장에 나가 새로 나온 물건을 구매하고 중고시장의 동향을 살피는 일로 지낸다.

청년이 살아야 나라가 산다

"'신화중고명품'이 전국적으로 알려지고 있습니다. 블로그를 보고, 멀리 지방 도시에서 연락이 오고 명품수선을 의뢰해오고 있습니다. 또한, 수리가 잘되어 고객들에게 고맙다고 연락이 올 때 큰 보람을 느끼고 있습니다. 그동안 평범한 직장인에서 평생 직업인으로 변신했습니다. 아직 시작에 불과하겠지만, 더 많은 노력을 할 것입니다. 앞으로 5년, 10년을 지나가게 되면 더 많은 네트워크가 생기고, 상응하는 평판도 나오리라고 생각합니다."

직장을 다니다가 처음 창업하는 사람들이 주변의 상가 점포 주인들과 원활한 소통이 문제가 되기도 하지만 이 대표는 상가 점주 모임 활동에도 적극적으로 참여하고 소통하는 데 앞장서고 있다.

"먼저 경험했던 창업 선배들의 실제적인 조언을 많이 참고하고 있습니다. 새로 시작하는 2막 인생은 그동안 지냈던 세계와 다른 것 같습니다. 1막과 2막은 마치 강을 건너는 것 같습니다. 이전에 타고 다녔던 배는 잊어버려야 합니다. 옛날에 생각했던 틀에 묶여서는 안 될 것 같습니다. '신화중고명품'은 앞으로 2호점, 3호점을 점차 늘려가면서 전국적인 사업을 확대하고자 합니다. 명품수선에 대해 더 나은 기술방법을 연구하고 꾸준히 노력하여 최고의 명품 수선 명장이 되는 것이 꿈입니다."